大学生思想道德素质与法治素养培育机制研究

刘 霞 ◎著

河海大学出版社
HOHAI UNIVERSITY PRESS
·南京·

图书在版编目（CIP）数据

大学生思想道德素质与法治素养培育机制研究 / 刘霞著. -- 南京：河海大学出版社，2024.11. -- ISBN 978-7-5630-9349-6

Ⅰ.G641；D920.4

中国国家版本馆 CIP 数据核字第 2024FD6273 号

书　　名	大学生思想道德素质与法治素养培育机制研究
	DAXUESHENG SIXIANG DAODE SUZHI YU FAZHI SUYANG PEIYU JIZHI YANJIU
书　　号	ISBN 978-7-5630-9349-6
责任编辑	高晓珍
特约校对	曹　丽
装帧设计	金熙智博
出版发行	河海大学出版社
地　　址	南京市西康路 1 号（邮编：210098）
电　　话	（025）83737852（总编室）　　（025）83787104（编辑室）
	（025）83722833（营销部）
经　　销	江苏省新华发行集团有限公司
排　　版	南京布克文化发展有限公司
印　　刷	北京四海锦诚印刷技术有限公司
开　　本	710 毫米×1000 毫米　1/16
印　　张	12.25
字　　数	205 千字
版　　次	2024 年 11 月第 1 版
印　　次	2024 年 11 月第 1 次印刷
定　　价	88.00 元

前　言

随着我国高等教育的快速发展,大学生群体的规模日益扩大,他们在社会各领域的活跃参与,对于推动社会进步和文化传承发挥着重要作用。然而,面对经济全球化、信息网络化以及价值多元化等复杂多变的社会环境,大学生的思想道德建设和法治素养培育面临着新的挑战和要求。

本书立足于当前我国高等教育的实际情况,通过综合运用教育学、伦理学、法学等多学科的理论和方法,对大学生思想道德素质与法治素养培育的机制进行系统研究。我们认为,思想道德素质是大学生综合素质的灵魂,法治素养是现代公民必备的基本素质。两者相辅相成,共同构成了大学生全面发展的重要基础。书中首先强调了大学生道德素质教育的必要性,明确了教育的目标、指导思想与原则,为后续章节奠定了理论基础。接着,深入分析了大学生优良学风、心理素质和高尚道德培育的内容,指出了这些要素在学生个人成长中的重要性。然后进一步探讨了提升大学生思想道德素质的多种策略;在法治素养培育方面,笔者详细阐释了法治素养的内涵、特征与功能,并设定了培育工作的目标与体系。此外,本书还讨论了法治素养培育的机制与途径,为高校法治教育提供了实践指导。最后,本书着眼于高校法治文化建设,分析了其在当代社会的发展状况,并探讨了社会主义核心价值观推进法治文化建设等方面的内容。本书旨在为高等教育机构提供理论参考与实践方案,以培养具有良好思想道德素质和法治素养的大学生,为社会培育出更多优秀的法治人才。

本书乃个人拙见,虽经数载研磨,但学海无涯、知识有限,书中定有不足之处。敬请广大读者、同行专家批评指正,您的宝贵意见将是我不断进步的宝贵财富。我将虚心接受,持续学习,以期未来能为学术界贡献更多有价值的研究成果。

目 录

第一章 大学生道德素质教育 ······ 1
第一节 大学生道德素质教育的必要性 ······ 1
第二节 大学生道德素质教育的目标 ······ 12
第三节 大学生道德素质教育的指导思想与原则 ······ 17

第二章 大学生思想道德素质培育的内容 ······ 27
第一节 大学生优良学风的培育 ······ 27
第二节 大学生心理素质的培育 ······ 46
第三节 大学生高尚道德的培育 ······ 62

第三章 大学生思想道德素质的提升策略 ······ 72
第一节 传统文化与大学生思想道德素质提升 ······ 72
第二节 志愿服务提升大学生思想道德素质 ······ 83
第三节 多种策略下大学生思想道德素质的提升 ······ 94

第四章 大学生法治素养的构成及培育 ······ 102
第一节 大学生法治素养的内涵 ······ 102
第二节 大学生法治素养培育的特征与功能 ······ 113
第三节 大学生法治素养培育的工作目标与体系 ······ 119

第五章 大学生法治素养培育的机制与途径 ······ 138
第一节 大学生法治素养培育的机制 ······ 138

第二节　大学生法治素养培育的途径 …………………… 156

第六章　高校法治文化建设 …………………… 163

第一节　高校法治文化建设的当代发展 …………………… 163

第二节　社会主义核心价值观推进法治文化建设 …………… 175

参考文献 …………………………………………………… 189

第一章 大学生道德素质教育

第一节 大学生道德素质教育的必要性

一、大学生道德素质教育概述

道德素质教育作为一种社会实践，贯穿于人类阶级社会的历史，在社会发展和人类文明进程中发挥着重要的作用。在我国，道德素质教育学作为一门独立的学科，经历了较长的应用和发展过程。改革开放以来，大学生道德素质教育的建设迈上了一个新的台阶，在21世纪这个新阶段将面临新的形势与新的挑战。大学生道德素质教育有必要对原有经验、成果进行提炼和升华，对新的课题、新的领域进行开拓创新，只有这样，我国的大学生思想政治教育学科才能适应现代社会发展和现代人才发展的需要。

（一）大学生道德素质教育的基本内涵和特征

1. 道德素质教育的基本内涵

道德素质教育的基本内涵如下：

第一，道德素质教育是阶级社会共有的社会活动，是阶级社会的一种客观存在，因而具有阶级性。

第二，道德素质教育的目标、任务、内容和方法会随着时代的变化而相应地变化。道德素质教育只有紧跟时代的发展，才能发挥其作用，因而具有时代性。

第三，光谈道德素质教育的理论是不会有任何进展的。道德素质教育只有回到实践中去，才能完成其过程，才有取得实效的可能性。由此，道德素质教育表现出实践性。

第四，道德素质教育是人类社会为了自身的发展，在不同阶段及不同阶级中共有的一种社会活动，它又具有必然性。

总之，道德素质教育的根本问题是人的问题，道德素质教育实质上是一种精神生产活动，它要解决的是教育者如何按照社会发展的客观要求去教育人、引导人，是受教育者如何按照社会发展的客观要求去进行自我教育、提高自我修养。把人培养教育成为什么样的人和使自己成为什么样的人，是道德素质教育的核心问题。

2. 大学生道德素质教育的基本特征

大学生道德素质教育的基本特征，涵盖了时代性、民族性、人文性以及综合性，这些特征共同构成了其独特且复杂的教育体系，旨在培养具有高度社会责任感、深厚文化底蕴及全面综合素质的现代公民。

（1）时代性

大学生道德素质教育的时代性，是指其教育内容与方法需紧密贴合时代发展脉搏，回应社会变迁的需求。在全球化与信息化浪潮下，大学生面临着前所未有的挑战与机遇，道德素质教育必须与时俱进，既要传承优秀传统文化中的伦理精髓，又要吸纳现代社会的先进价值观念。例如，加强网络伦理教育，引导学生正确使用互联网资源，培养批判性思维，防范网络谣言与不良信息的侵蚀。同时，强化公民意识与全球视野，使学生能够理解和尊重多元文化，积极参与构建和谐社会与促进世界和平。

（2）民族性

民族性是大学生道德素质教育中不可或缺的元素，它强调在教育过程中融入本民族的历史传统、文化特色与道德规范，旨在培养学生的民族自豪感与文化认同感。在统一的多民族国家，这一特征尤为重要，它要求教育者不仅要传授普遍的人类道德准则，还要注重挖掘与弘扬各民族独特的道德智慧与精神财富；通过讲述民族英雄的故事、解析传统节日的文化内涵等方式，激发学生的爱国情怀与集体荣誉感，促使他们在继承与创新中找到个人成长与民族文化复兴的契合点。

（3）人文性

人文性是大学生道德素质教育的灵魂，它倡导以人为本的教育理念，关注人的全面发展与人格完善。在知识经济时代，单纯追求技术技能的培养已难以满足社会对高素质人才的需求，道德素质教育更应强调培养学生的人文素养与道德情操。这意味着教育内容不应局限于抽象的道德条规，而应通过文学、哲学、艺术等人文领域的学习，增强学生的审美情趣、批判思考能力与道德判断力。同时，鼓励学生参与社会实践与志愿服务，将道德理念转化为实际行动，从而实现知行合一，成长为既有专业技能又有高尚品德的复合型人才。

（4）综合性

大学生道德素质教育的综合性，体现了其教育目标的多元化与手段的多样性。它要求在实施过程中，不仅要注重道德知识的传授，更要兼顾情感态度与行为习惯的培养，形成认知、情感、意志与行动四位一体的教育模式。此外，综合性还意味着跨学科的整合与合作，通过开设道德教育相关课程、组织专题讲座与研讨会、开展团队项目等形式，促进学生在不同领域间建立联系，深化对道德问题的理解与认识。这种全方位、多层次的教育策略，有助于学生构建起坚实的价值观体系，为其终身发展奠定坚实的基础。

（二）大学生道德素质教育的任务

1. 保证高校社会主义办学方向和培养目标的实现

在高等教育体系中，大学生道德素质教育承担着确保高校办学方向与国家社会主义发展目标相一致以及推动培养目标顺利实现的重任。这一任务的实现，需要从以下几个方面入手。

（1）强化社会主义核心价值观教育

将社会主义核心价值观贯穿于教学全过程，使之成为校园文化的重要组成部分，引导学生树立正确的世界观、人生观和价值观，自觉抵制不良思想的影响，成为社会主义事业的合格建设者和可靠接班人。

（2）加强法治与纪律教育

通过法律知识普及、案例分析等形式，增强学生的法治意识和纪律观念，使其明白自由与责任并重的道理，学会在法律框架内行使权利、履行义务，为维护社会稳定和国家法治建设贡献力量。

(3) 培养社会责任感与公民意识

通过志愿服务、社会实践等活动，学生亲身体验社会生活，了解民生疾苦，激发对国家、社会的责任感，立志成为有担当、有作为的公民。

2. 思想教育——促进大学生健康成长

大学生身心发展尚未成熟，思想活跃，但辨别能力差，观察事物常常有片面性和表面性。他们不满足现状，渴望变革，急于施展才华，但往往又容易感情用事，以致动机和效果不能统一，遇到挫折后又感情脆弱、意志消沉。因此，应针对大学生普遍关心和迫切要求解决的思想认识问题，从理论和实践的结合上做出有说服力的回答。针对大学生在日常学习、生活中出现的思想问题，可以通过个别教育加以解决。对大学生进行针对性教育，可从以下几个方面入手：一是解决不同时期学生中的倾向性思想问题，为完成党赋予的任务铺平道路；二是解决通过一人一事反映出来的思想问题，"防患于未然"，把问题解决在局部，调动每一个学生的积极性；三是注意做好后进学生的转化工作和失足学生的帮教工作，使后进向先进转化，失足者得到挽救；四是及时协调学生之间以及学生与教师、高校之间的关系，妥善处理各种矛盾，保持高校安定团结的政治局面等。通过及时的针对性思想教育，解答大学生的思想疑问，帮助他们抵制错误思想的影响，培养他们正确认识、处理问题的能力，提高他们正确选择行为方式的能力，引导他们战胜各种困难，激发他们学习、生活的积极性和创造性，促进他们思想觉悟的提高。

（三）大学生道德素质教育的作用

1. 激励作用

大学生道德素质教育旨在促进学生的发展、提升学生的道德品质、完善学生的人格素养。大学生道德素质教育可以使大学生充分发挥主动性、积极性和创造性，为理想而奋斗，向着期望的理想与目标努力，让大学生的目标更为明确，信念更加坚定，不断产生新的物质需要和精神追求；让大学生更加自觉地努力学习，更加奋发向上，取得更大的成绩。大学生道德素质教育可影响和改变大学生的思想意识，主要是影响和改变大学生的人格判断力。通过智慧力量、道德力量、意志力量来促进大学生对自身的行为进行反省，引导大学生改变其行为，使大学生具有健康、正确、强大的人格判断力。此外，大学生道德素质教育通过对榜样和道德楷模的颂扬，产生示范效应与影响力，对大学生施加正面与积极向上的影响，通过这种形式改变大学生的错误思想行为。在一定外界环境刺激下，通过大学生道德素质教育推动大学生的各种人格判断力达到恰当的消长，引导大学生产生相应的正确的动机和行为，避免不正确的动机和行为。因此，大学生道德素质教育通过影响和改变大学生的思想意识，引导大学生产生正确的行为，自觉抵制不正确行为。

2. 完善作用

大学生道德素质教育有助于完善大学生的人格，稳定地提高大学生的人格行为水平。人格有自我完善的能力。人在一定外界环境刺激下，经过人格需要力和判断力的运作，产生了一定的动机和行为。这种行为在社会生活中引起经验或教训，反馈到人格判断力之中，必然引起人格判断力的反思、升华或提高，同时也会调整人格需要力，推动人格走向成熟，从而使人的行为趋向更高的层次和水平。但是，人格的成熟仅仅靠自我完善是不够的。在复杂的社会环境下，有必要通过积极的思想政治教育引导和推动人们完善自己的人格，稳定地提高人格行为水平。因此，大学生道德素质教育一方面要鼓励大学生进行积极的自我反省和完善，将自我教育、自我批评结合起来，另一方面要引导大学生提高和增强人格判断力，在复杂的环境下做出正确的行为选择，稳定地提高动机和行为水平。

3. 行为预测作用

大学生道德素质教育能够对大学生的行为进行预测。大学生思想道德素质通过道德教育，形成自觉的道德认知，可以对大学生的行为进行好与坏的预测，依据大学生的思想变化的规律，进行个体的行为选择。人的行为是在接受社会潜移默化的影响下形成的，依据人格行为规律，人的行为是由外界环境刺激、人格动力结构、行为这三项要素构成的。进行人的行为分析预测，就是通过对已掌握的环境刺激和人格动力结构的分析，预测人格行为。人的行为基本是人格结构在外界环境刺激下所做出的反应，既有消极被动的，又有积极主动的。大学生道德素质教育能够通过对已掌握的环境刺激和人格结构的分析来预测大学生的人格行为，分析其中不好的因素，抛弃不好的行为，防止行为的堕落。

（四）大学生道德素质教育的意义

大学生道德素质教育对促进大学生全面和谐发展、培养社会主义合格接班人和大学生健康成长具有重要意义，主要表现为以下两个方面。

1. 大学生道德素质教育符合我国社会主义现代化建设的需要

社会主义现代化的进程在很大程度上取决于国民素质的提高和人才资源的开发。大学生道德素质教育工作是实现社会主义现代化建设的必然要求。人才是建设中国特色社会主义事业的保障。改革开放以来，中国共产党在高度关注经济建设的同时，更高度关注人的发展，关注人的道德素质和科学文化素质、心理素质的全面提升。人才问题是关系党和国家事业发展的关键问题，高素质人才在党和国家工作全局中具有重要的地位。而高校是培育高素质人才的重要基地，是培养高等人才和高素质劳动者的地方，是科技创新的源泉。大学生是我国人才队伍的重要组成部分，是高素质人才的重要来源。中国社会主义建设的合格人才是有理想、有道德、有文化、有纪律，面向现代化、面向世界、面向未来的公民，因而除给大学生以知识教育外，还必须对大学生进行道德素质教育。在大学生的成长过程中，道德素质教育对大学生的健康成长起着主导性作用。思想政治教育是启迪人的思想、塑造人的灵魂的工作，是提高大学生道德素质的有效途径。要让大学生认识并深刻理解自己所肩负的实现中华民族伟大复兴的历史使命。道德素质教育能促进大学生精神需求的满足和精神生活质量的不断提升，从而实现全面发展。大学生道德素质教育工作就是用中国特色社会主义理论武装头脑，用爱国主义、集体主义的精神培养大学生，使之具有民族自豪感和时代使命感，为祖国现代化事业的发展增添动力。

2. 大学生道德素质教育是大学生全面发展、成长成才的内在需要

改革开放以来，中国社会主义现代化建设取得了举世瞩目的巨大成就，但也面临着不少发展问题，并在不同程度上影响着大学生的思想状况。国家大力发展高等教育，全国普通高校大学生数量持续增长，规模庞大，大学生的就业问题比较突出，学生把专业课学习以及将来的就业看作重要的目标，弱化了对道德素质

教育的重视。学生数量的增加和专业设置以及教学改革不能很好地随着时代的要求而变化，直接影响了在校学生的思想情绪。同时，高校学生数量的增多加大了道德素质教育的工作任务，负责道德素质教育工作的人员相对较少，以致难以将工作做细。大学生道德素质教育工作的主要任务，是要通过思想政治教育工作，使学生踏踏实实地安心学习，积极参与各种活动来提高自身的理论素质和专业知识水平。

二、大学生道德素质教育的必要性分析

（一）社会形势变化的主要表现

1. 文化多样化

文化是在社会历史发展过程和社会交往中，人们集体创造、共同享有、后天习得的生产方式、生活方式特别是精神生产方式和精神生活方式的总和。文化现象是丰富多彩、千姿百态的。进入21世纪后，人类文化交往的空间进一步扩大，速度也空前加快，文化交往全球化成为人类历史的必然趋势。文化多样化主要表现在以下两方面。

（1）多元文化生态：主文化、亚文化与负面文化的共存

在当代社会的文化格局中，主文化、亚文化以及负面文化的并存与交织，构成了一个复杂而立体的文化生态系统，展现出文化多样性的丰富内涵。主文化作为社会的主导文化形态，承载着核心价值观与社会共识，通过教育体系、公共政策及传媒等途径广泛传播，构建了社会的基本行为规范与道德标准。然而，主文化的强势地位并不意味着文化生态的单一，相反地，亚文化的蓬勃发展恰恰凸显了文化的多元化趋势。

亚文化，作为特定社会群体或社群内部形成的文化形态，其特征在于对主流文化的偏离与重构，体现了一定程度上的反叛与创新。从音乐、艺术到语言风格，亚文化以其独特的视角与表达方式，丰富了文化生态的多样性，为社会提供了多元视角与思考空间。然而，文化生态的复杂性也体现在负面文化的隐现，即那些与社会主流价值观相悖、可能对个体与社会造成潜在危害的文化倾向。负面

文化的识别与治理，要求社会建立有效的监控机制与文化教育体系，确保文化多样性地健康发展。

（2）文化交汇与融合：传统文化、西方文化与当代马克思主义文化的互动

文化多样性的另一维度，体现于不同文化传统间的交汇与融合。在全球化的背景下，传统文化、西方文化以及当代马克思主义文化之间形成了动态的对话关系，共同塑造着多元并包的文化景观。传统文化，作为民族精神与历史积淀的体现，不仅在现代社会中得到了有效传承，更在与现代文化的碰撞中焕发出新的生命力。通过非物质文化遗产的保护、传统节日的庆祝等形式，传统文化的价值与魅力得以广泛传播，为全球文化多样性贡献了独特的力量。

西方文化中的精华部分，以其科学理性、人文精神及艺术创新等特点，对世界各地产生了深远影响。在东西方文化交流的过程中，我国对西方文化的借鉴与吸收并非简单的模仿，而是基于本土文化土壤的创造性转化，推动了社会制度、教育理念及艺术创作的革新。同时，当代马克思主义文化在这一互动中扮演了重要的角色，它不仅深化了对社会现实的批判性认识，更为文化发展提供了方向性的指导。马克思主义文化强调的人民立场、历史唯物主义观点，与传统文化的伦理价值、西方文化的创新精神相结合，共同促进了文化的繁荣与发展。

2. 体制市场化

市场化，是解放和发展生产力，实现经济体制转变，建立社会主义市场经济体制的重要途径。社会主义市场经济就是使市场在国家宏观调控下对资源配置起基础性作用，适应供求关系的变化；通过价格杠杆和竞争机制，实现资源的优化配置和优胜劣汰。

我国经济的市场化进程给社会带来的主要变化包括以下几方面。

（1）促进了社会结构的多样化

市场化导致了经济成分和经济利益的多样化。经济成分和经济利益的多样化导致了社会阶层的多样化。社会阶层的多样化带来了生活方式、行为方式和思想观念的多样化。

(2) 经济管理体制和方式有了重大改革

政府逐步取消了生产方面的指令性计划，让市场导向生产，让企业决定产量。政府全面放开了对大部分商品和劳务的价格管制，市场价格成为基本价格形式。中介组织的发展起到越来越重要的作用。

(3) 中国经济市场化成果丰硕

我国经济市场化改革取得的重大成果体现在各个方面。市场在资源配置中发挥了基础性作用。多种所有制经济共同发展的格局基本形成。国有企业市场化程度大大提高，非国有经济发展迅速，成为国民经济的重要力量。现阶段，我国社会主义市场经济发展处于关键时期。社会主义市场经济的发展，一方面由于市场经济自身的固有缺陷和我国经济体制改革中所存在的一些问题和挑战，出现了一些不良现象；另一方面极大地解放和发展了生产力，给经济领域注入了活力和动力，使竞争、效率、平等、开放等现代意识深入人心。

3. 社会信息化

现代社会科学技术获得了迅猛的发展，其重要标志之一是现代信息科学技术特别是互联网技术的发展。社会信息化是通过现代信息技术和网络设施把社会最基础的资源——信息资源充分应用到社会各个领域的过程。社会信息化使得人们社会生活的方式有了很大的改变。大学生是一个对信息异常敏感和渴求的群体，是社会信息化的主动参与者和有力推动者。因此，社会信息化对大学生的思维方式和行为方式产生了深刻的影响，对传统的道德素质教育模式也提出了严峻的挑战。

(二) 社会形势变化给大学生道德素质教育带来的机遇

1. 更加显示了大学生道德素质教育在社会主义建设中的重要地位

当今世界，世界范围内综合国力的竞争更加激烈，而人才的竞争在综合国力的竞争中又居于主导地位。在人力资源的开发过程中，我们要处理好科学文化素质和道德素质两者之间的关系。知识经济和信息技术的发展必然会更加凸显出社会道德及人的情感等精神因素构建的重要性。随着全球经济一体化的发展和"知识经济"的勃兴，在世界范围内综合国力竞争日益激烈的背景下，塑造一大批德才兼备,具有高度社会责任感、爱国主义精神和创新精神的高科技人才显得更加迫切和重要。因此,必须从科教兴国的战略高度,从人的素质全面发展的高度,来认识道德素质教育在培养新时期具有国际视野、道德素质过硬的高素质人才过程中的重要作用,切实加强大学生道德素质教育。

2. 拓展了大学生道德素质教育视野

社会的快速变迁,尤其是信息技术的飞速发展,为大学生道德素质教育带来了前所未有的视野拓展。这一机遇体现在以下层面:

(1) 全球视野的开阔

互联网的普及与社交媒体的兴起,使得信息的传播跨越了地理界限,大学生能够轻松接触到世界各地的文化、思想与价值观,这不仅丰富了他们的知识结构,也促使他们形成了更加开放与包容的世界观。在多元文化的碰撞与交流中,大学生有机会比较不同文化背景下的道德观念与行为规范,从而深化对自身文化传统的理解,增强跨文化交际的能力。

(2) 社会责任感的增强

社会热点事件的实时报道与深度分析,使大学生能够即时关注社会动态,对社会问题有更深刻的认识。这激发了他们对公共事务的关注与参与热情,促使他们思考个人行为对社会的影响,培养了高度的社会责任感与公民意识。在面对诸如环境保护、公益慈善、社会正义等议题时,大学生能够主动担当,将道德素质教育的成果转化为实际行动,为构建和谐社会贡献力量。

(3) 道德素质教育手段的创新

数字化平台与智能技术的应用,为道德素质教育提供了新的载体与方法。在线课程、虚拟现实体验、互动式学习等新型教育模式,打破了传统教育的时空限制,使道德素质教育更加生动、直观与高效。大学生可以通过沉浸式的学习体验,深入理解道德概念,提升道德判断与决策能力。同时,社交媒体的互动特性,也为大学生提供了表达观点、讨论道德议题的平台,促进了同伴之间的交流与学习,增强了道德教育的实效性。

3. 为大学生道德素质教育提供了新的载体

社会变革与科技进步,为大学生道德素质教育提供了多样化的载体与工具,极大地丰富了教育手段，提升了教育效果。网络作为大众媒介，与传统的报纸、广播、电视相比，显示出自己的许多特点和优势，主要体现在以下几个方面：

（1）传播方式的交互性

在网络上，传播者和受众可以通过各种软件和方式及时沟通，使信息的反馈得以及时实现，从而在全新的意义上实现了受众对信息传播过程的参与。

（2）信息传播的高效性

在现代信息化条件下，信息能随时更新，甚至实时传播。

（3）传播手段的多媒体化

网络作为一种新的传播方式，同时具备文字、图像、视频、音频等人类现有的一切传播手段。网络可以发挥多媒体技术手段的优势，使传播效果最优化。

（4）开辟了大学生道德素质教育的新阵地

学生利用网络来了解国内外、校内外发生的事件，网络日益成为大学生道德素质教育的新阵地。

4. 为大学生道德素质教育资源和内容的开发拓展提供了有利条件

主要表现为以下两点：

（1）社会新形势为大学生道德素质教育资源的开发提供了有利条件

信息技术的发展使得道德素质教育者也获得了更加便利地调用各种教育资源的条件，大学生面临着一个开放的信息世界，他们可以在丰富多彩的信息世界里尽情地漫游。

道德素质教育者还可以进行网络互动，更为准确地把握教育对象的心理状态、思想动向等。教育者对这些资源的掌握与开发越多，大学生道德素质教育就越有针对性，越富有成效。

（2）社会新形势为大学生道德素质教育内容的拓展提供了有利条件

在新形势下，大学生道德素质教育要求具有开放性和国际性，其被赋予了更多的时代内容。与此同时，关注人的社会生存环境、生活质量以及人类的尊严、道德完善和全面发展问题，尊重人类的共同规范，保护生态环境，维护世界和平，促进人类发展，也是大学生道德素质教育需要解决的新课题。

在社会信息化条件下，培养大学生的信息素养，增强大学生的信息意识和信息观念，也成为当前社会信息化条件下大学生道德素质教育的新内容。在文化多样化的条件下，要进一步加强和改进以马克思主义为指导的主流文化的教育，而且要在大学生的通识教育中，将中华民族传统文化和世界其他国家民族文化结合起来。在社会主义市场经济条件下，要将市场意识、竞争意识、效率意识、平等意识、民主意识、规则意识等这些适应市场经济发展的观念和素质纳入大学生道德素质教育的内容体系，增强其时代感和现实性。

第二节 大学生道德素质教育的目标

一、促使"他我"意识的觉醒

促使"他我"意识的觉醒，即培育大学生对他人与社会的深切关怀和责任感。这一目标的实现，旨在打破个体中心主义的局限，引导学生从他人的视角审视问题，理解他人的情感与需求，进而形成以同情心与公平正义为基础的道德判断与行为准则。

（一）促进同理心与社会责任感的涵育

教育实践中，"他我"意识的觉醒首先体现于同理心的培养。通过组织社会实践活动、参与社区服务项目以及角色扮演等教学活动，大学生得以亲身体验不同社会群体的生活状态与情感经历，从而增进对弱势群体的同情与理解，减少社会偏见与歧视，促进和谐的人际交往。其次，教育者应激发学生对社会问题的关注，如贫困、环境污染、社会公平等，鼓励他们积极参与社会服务与公益活动，以此培养强烈的社会责任感和公民意识。

（二）强化道德推理与批判性思维的锻炼

"他我"意识的觉醒，还要求大学生具备成熟的道德推理能力与批判性思维。教育者需采用案例研究、辩论、小组讨论等互动教学方法，促使学生在面对道德问题时，能够从多元视角进行深入分析，评估不同道德原则与理论的适用性，培养独立思考与道德判断的能力。特别是在遭遇道德困境与价值冲突之际，大学生应能权衡各方利益，做出既符合社会伦理又彰显个人良知的决策，展现出高度的社会责任感与道德勇气。

二、构筑成熟的心态结构

心态即心理状态，是人的观念、情感、意向等的综合体现，它对人的思维和行为具有支配和导向作用。一个具有完整道德素质的人，无论是在其思想道德观念上，还是在社会生活的实践行为中，都能够表现出良好的素质行为，其影响因素是多种多样的，但更为牢固的基础和深层的核心就在于其成熟的心态结构。健全的心理结构是由其道德认知、情感和意志三大因素构成的。

（一）对"知"的理解

"知"是指人在社会实践中能动地反映客观事物的心理活动，它包括感觉、知觉、表象、思维等形式，主要是指认知活动、认识能力。它是人在先天生理基础上通过后天的学习和实践而形成的认知方面的稳定心理特点的综合，包括观察力、记忆力、想象力、注意力、思维力这五个基本要素。作为一名大学生，要具有坚不可摧的意志力和坚韧不拔的毅力；具有开阔的胸襟，开朗豁达，克服困难有恒心，遇到挫折不灰心；具备积极进取的心态、高昂激越的情绪和饱满振作的精神；有优秀的个性心理品质，具有良好的动机、高雅的气质、广泛的兴趣、稳定的性格、鲜明的个性和健全的人格。

（二）对"情"的体验

情感作为心理结构的一个因素，与人的智力是相互联系、相互制约的，认知产生情感，理智控制情感。反之，情感一旦形成，又会引诱观察，加深记忆，推动想象，强化注意和激励思维，并由此对人的实践活动产生影响，具有一种定向、调节和驱动的作用。马克思指出，激情、热情是人强烈追求自己的对象的本质力量。大学生对学习和生活一定要具有饱满的热情和激情，使情绪处于积极稳定状态，只有这样才能成为有用之才。

（三）对"意"的认识

人的意志同情感一样属于心理结构中的非理性因素。它是人们自觉地确定目标，并根据目的和目标支配和调节行为，从而克服各种障碍，达到预期目的、目标的心理过程。人的意志是始终与人的需要、意愿和目的联系在一起的。大学生一定要明确自己的意向，只有目标明确，才会有不竭的动力去完成它。

总之，在大学生的成长中，知、情、意是始终不可分割地联系在一起的，从而形成完整的心理结构并发挥作用。

三、培育正确的价值取向

在当代社会，价值观的多元化与快速变革已成为显著特征，这对大学生的价值判断与选择能力提出了更高要求。道德素质教育在此背景下，肩负着引导学生形成正确的价值取向、增强其价值判断与选择能力的重任，这对于促进个人全面发展与社会进步具有重要意义。

（一）适应价值观变革，提升价值判断与选择能力

在价值观急剧变革的时代背景下，大学生作为社会的未来栋梁，其价值判断与选择能力的强弱，直接影响到个人成长的路径与社会发展的方向。教育者应通过开设伦理学、哲学等课程，引导学生深入探讨价值观的本质与演变，理解不同文化背景下价值观念的差异与共通之处，从而培养其批判性思维与跨文化理解能力。同时，教育者还应鼓励学生积极参与社会实践活动，通过亲身体验，加深对社会现实与道德原则的理解，提升其在复杂情境下作出合理价值判断的能力。

（二）强化现实意义，培育价值判断与选择能力

大学生形成较强的价值判断与选择能力，对于其个人成长及社会进步具有不可估量的现实意义。在个人层面，这有助于大学生形成独立自主的人格，避免盲从与迷失，使其在面对人生抉择时，能够依据内心的道德指南针，作出符合自我

价值追求的决定。在社会层面，具备良好价值判断与选择能力的大学生，能够成为推动社会正义、促进社会和谐的重要力量，他们能够在多元价值冲突中，秉持公正与理性，促进不同群体之间的理解和尊重，为构建更加包容与进步的社会秩序贡献力量。

（三）促进全面发展，提升认识与实践能力

培养大学生形成较强的价值判断与选择能力，不仅有助于其形成正确的价值取向，更能够促进其认识能力与实践能力的全面提升。在认识层面，教育者应引导学生深入学习社会科学与人文知识，帮助他们更加全面、准确、科学地把握客观事物的发展规律，从而提升其分析问题与解决问题的能力。在实践层面，教育者应鼓励学生将理论知识应用于实际情境，通过参与科研项目、社会实践、志愿服务等活动，提升其解决实际问题的能力，使他们在实践中不断检验与修正自己的价值观念，实现理论与实践的有机结合，促进个人的自由而全面的发展。

四、形成良好的行为模式

引导大学生形成良好的行为模式，涵盖扎实的业务素质、深厚的文化素质、健康的身心素质以及较强的创新能力。这些素质的综合培养，旨在塑造全面发展的现代公民，使他们不仅具备专业技能，更拥有高尚的道德情操和卓越的个人品质。

（一）深化专业素养

大学生在专业领域的成长，应聚焦于深度与广度的均衡发展，不仅掌握系统的专业知识，更需具备将理论应用于实践的能力。教育者应精心构建课程体系，整合理论教学与实践操作，通过科研项目、实习实训等途径，激发学生对专业知识的深度探究，培养其解决复杂问题的技能，确保学生在毕业之际，不仅具备扎实的理论基础，更能灵活应对职场挑战，展现出专业领域的独到见解与实践能力。

（二）涵养人文精神

对于大学生而言，宽广的文化视野与深厚的人文底蕴是构建其全面人格不可或缺的组成部分。教育者应通过多元的人文社科课程，如文学、哲学、艺术史等，以及丰富多彩的文化交流活动，如国际文化节、学术研讨会等，引导学生深入探索人类文明的丰富内涵，培养其跨文化交流与理解的能力。此举不仅能够丰富学生的精神世界，更能在全球化的背景下，促进文化互鉴，增强学生对多元文化的尊重与包容，培养其成为具有国际视野的全球公民。

（三）健康的身心素质

大学生的全面发展离不开健康的身体与心理状态。教育者需重视体育教育与心理健康教育，通过体育课程、心理健康讲座、团体辅导等方式，引导学生建立健康的生活习惯，提升心理调适能力，培养积极的生活态度。同时，建立健全的心理健康支持体系，为学生提供及时有效的心理咨询与干预，确保其心理状态的稳定，为个人成长与为社会作贡献奠定坚实的基础。

（四）较强的创新能力

在快速变化的社会环境中，大学生应具备旺盛的创新活力，能够独立思考，勇于探索未知，敢于挑战常规。教育者通过创新思维训练、科技竞赛、创业实践等平台，激发学生的创新潜能，培养其团队合作与领导能力。同时，教育者还应引导学生将创新思维融入日常学习与生活中，鼓励他们提出独到见解，不断提升创新意识与实践能力，为社会进步与科技发展注入新鲜血液。

第三节　大学生道德素质教育的指导思想与原则

一、大学生道德素质教育的指导思想

(一) 传承弘扬中华优秀传统文化

1. 道德素质教育以儒家优秀文化为基础

儒家文化，作为中华优秀传统文化的瑰宝，蕴含着深厚的道德教育思想与实践智慧。大学生道德素质教育应以儒家优秀文化为基础，深入挖掘仁爱、礼义、诚信、孝悌、忠恕等核心价值观念，将其融入课程设置、校园文化、日常管理等各个环节，构建全方位、多层次的道德教育体系。教育者需通过经典阅读、道德讲堂、社会实践等多种形式，引导学生理解并践行儒家道德理念，培养其成为具有深厚人文素养与高尚道德情操的现代公民，为社会的和谐稳定与持续发展贡献力量。

2. 道德素质教育要与时俱进，扩大传统文化传播

在传承弘扬中华优秀传统文化的同时，道德素质教育应保持开放与创新的态度，与时俱进，不断扩大传统文化的传播范围与影响力。教育者应充分利用现代信息技术，如网络平台、数字媒体等，创新传统文化的传播方式，使更多学生能够接触并深入了解传统文化的精髓。同时，道德素质教育还应注重传统文化与现代社会的对接，鼓励学生将传统道德理念与现代公民意识相结合，培养其成为具有国际视野与社会责任感的现代公民。通过举办文化论坛，开展国际交流项目、社区服务活动等，让学生在实践中深化对传统文化的理解，增强其文化自信与社会责任感，为构建人类命运共同体贡献力量。

(二) 坚持以马克思主义为指导思想

1. 坚持以马克思主义为指导思想的原因

马克思主义之所以能成为立党立国的根本指导思想,主要有以下两方面的原因:

(1) 从历史角度出发

历史证明,不论哪一个国家、哪一个历史时期,主流意识与非主流意识都并存于社会领域之中,思想也呈现如生物多样性般的多元化、多样性。社会主义思想史也不例外,曾经出现过民主社会主义的价值体系、生态社会主义的价值体系、后工业社会主义的价值体系等多种社会主义价值体系的流派。

马克思、恩格斯认为,任何社会都有占统治地位的思想,而且占统治地位的思想不过是占统治地位的物质关系在观念上的表现,不过是以思想的形式表现出来的占统治地位的物质关系。因此,这种思想就是那些使某一个阶级成为统治阶级的关系在观念上的表现,也就是这个阶级的统治思想。在唯物史观和剩余价值论基础上,马克思、恩格斯创立了科学的马克思主义思想体系,它与其他割裂统一式的社会主义完全相反,强调实践基础上的科学原则、科学理性与价值原则、价值理性的辩证统一,这为无产阶级提供了正确认识世界、改造世界的科学理论和强大的思想武器及方法。

(2) 从我国国情出发

马克思主义是维系社会主义社会存在和发展的精神支柱。马克思主义思想是以无产阶级和广大人民群众为主体的,其所有信念、信仰、理想都是以无产阶级和人民大众的立场为出发点和落脚点的,其目的是争取实现人类的彻底解放和自由。

我国是社会主义国家,我党是全心全意为人民服务的无产阶级政党,在出发点和归属点上,我党的思想和马克思主义是一致的。马克思主义思想是指导工人阶级和劳动人民进行社会主义革命和建设的科学学说,符合我国的基本国情。同时,我国社会主义核心价值体系只有建立在科学的基础上,才具有历史的科学性和合理性,也才能服众。因此,马克思主义是我党的基本理论,也是我党一直坚持的指导思想。马克思主义以其鲜明的实践性、科学性和阶级性，成为中华民族追求自身解放的理论指导和追求人的自由而全面发展的思想武器。不论过去、现在还是将来，在我国社会主义事业中，坚持马克思主义指导思想的地位不动摇始终是我党的立国之本、执政之基。因此，我国社会主义核心价值体系必须以马克思主义的立场、观点和方法为指导。这就要求我们在社会实践中坚持和发展马克思主义，坚定不移地坚持马克思主义的立场、观点、方法和基本原理，坚定不移地贯彻解放思想、实事求是的思想路线，坚持勇于追求真理和探索真理。

2. 坚持马克思主义指导思想的必要性

在当前社会转型与全球化的背景下，我国经济社会发展取得了显著成就，但随之而来的是社会矛盾的增多、利益格局的调整与思想观念的多元化。这一复杂局面对社会的稳定与和谐构成了挑战，尤其在思想意识领域，多元思想的碰撞与交锋日益激烈，如何在尊重差异的基础上凝聚共识，成为亟待解决的问题。马克思主义，作为科学的理论体系，不仅能够包容思想的多样性，更能从中提炼出促进社会进步的共同价值，为构建和谐社会提供坚实的理论支撑。

马克思主义自诞生以来，始终以全人类的解放为己任，其核心理念是推动人类社会的发展、繁荣与幸福。在中国特色社会主义建设的历程中，中国共产党始终将马克思主义作为指导思想，坚持马克思主义中国化的理论创新，形成了具有时代特征与民族特色的社会主义核心价值体系。这一价值体系的构建，既是历史的选择，也是现实的需要，它要求我们在经济社会快速发展的同时，不忘加强马克思主义价值观的研究与宣传，引导人民群众树立正确的价值观，确保社会主义事业沿着正确的方向前进。

坚持马克思主义指导思想，对于构建社会主义核心价值体系具有至关重要的作用。马克思主义作为这一价值体系的灵魂，不仅决定着其性质与方向，更为构建社会主义和谐社会提供了理论基础。在新时代中国特色社会主义伟大实践中，马克思主义与我国国情相结合，形成了具有中国特色、中国风格和中国气派的社会主义核心价值体系。这一价值体系的建设，不仅体现了党和国家对马克思主义的坚定信仰，更展现了马克思主义在当代中国的强大生命力与实践价值。

牢牢把握马克思主义指导思想，对于推动和谐文化与社会的健康发展，提升全民思想道德素质与文明程度，具有不可替代的作用。在当前复杂多变的国内外环境下，坚持马克思主义的指导地位，不仅能够为我国社会主义现代化建设提供正确的理论指引，更能够在全社会形成共同的价值追求，增强民族凝聚力与社会向心力，为实现中华民族伟大复兴的中国梦提供坚实的思想基础与精神动力。

3. 正确对待马克思主义指导和传统文化继承

如何正确对待马克思主义和中华传统文化，是人们思想中的一个重大问题。在这个问题上，我们不能将马克思主义和中华传统文化人为地割裂开来，也不能将它们对立起来。马克思主义是在吸收和改造了两千多年来人类思想和文化发展中一切有价值的东西，继承了资产阶级时代最宝贵的思想成果的基础上产生的。马克思主义是无产阶级思想的科学体系，它的内容涵盖了社会的政治、经济、文化、军事、历史和人类社会发展与自然界的关系等诸多领域和各个方面，是极其深刻和丰富的。马克思主义自其诞生之后，仍然具有可贵的开放性，它从不简单地将自己与其他思想文化割裂开来、对立起来，而是不断地从人类既有的文化成果中批判性地继承、创新，从而使整个马克思主义理论体系处于不断的、与时俱进的发展过程当中。马克思主义经典作家留给了我们大量的精神财富，这些精神财富连同各国马克思主义者在继承和发展的实践中创造的理论成果，构成了无产阶级和全人类的思想宝藏资料库。它涉及的众多学科门类所形成的知识海洋，无论在马克思、恩格斯所处的时代，还是在人类文明继续进行的发展进步的新时代，都当之无愧地称得上博大精深。作为中国共产党和社会主义事业指导思想的马克思主义，是从广义上理解的马克思主义。

二、大学生道德素质教育的原则

（一）原则的特点

要实现道德素质教育的目标、任务、内容等，必须在教育活动中遵循道德素质教育的原则。它具有辩证性、整体性、层次性、动态性等特点。

1. 辩证性

辩证性这一特点要求教育者在实施道德教育的过程中，既要注重理论与实践的辩证统一，又要兼顾个体差异与社会共性的平衡。在理论与实践的关系上，教育者需引导学生深入理解道德理论，同时通过社会实践、志愿服务等形式，让学生在实践中深化道德认知，实现知行合一。在个体与社会的辩证关系中，既要尊重学生的个性发展，培养其独立思考与判断能力，又要强调社会责任感与集体主义精神，促进学生在社会中的和谐共处与良性互动。

2. 整体性

整体性特点强调在大学生道德素质教育中，要从全局视角出发，将道德教育融入学生培养的全过程，实现德、智、体、美、劳的全面发展。这意味着教育者在设计课程体系时，不仅要涵盖道德理论与实践，还要注重人文素养、科学精神、艺术修养、体育锻炼等多方面的教育，确保学生在多元文化的熏陶下，形成全面的道德认知与高尚的道德情操。同时，教育者还需关注学生的心理健康，通过心理辅导与团队活动，培养学生的团队协作精神与健康人格。

3. 层次性

层次性特点要求大学生道德素质教育要对不同年级、不同专业、不同兴趣的学生，设置分层次、有梯度的教育内容与方法。低年级学生侧重于基本道德规范的养成，通过道德故事、角色扮演等形式，培养其初步的道德判断能力；高年级学生则需深入探讨道德理论与实践，通过案例分析、社会调查等方式，提升其道德推理与批判性思维能力。同时，针对不同专业背景的学生，教育者应设计与专业相关的道德教育课程，如医学伦理、工程伦理等，使学生在专业学习中融入道德教育，提升其职业道德水平。

4. 动态性

动态性特点强调大学生道德素质教育应与时俱进，根据社会变迁与学生需求的变化，不断调整教育内容与方法。在快速变化的信息时代，教育者需关注新技术、新媒介对道德素质教育的影响，如利用网络平台、数字媒体等现代技术手段，创新道德素质教育的形式与载体，提升教育的吸引力与实效性。同时，教育者还应关注社会热点问题，如环保、人权、公正等，将这些议题融入道德教育，引导学生关注社会现实，培养其社会责任感与公民意识，使道德教育成为学生终身学习与成长的不竭动力。

(二) 原则的内容

1. 方向性原则

方向性原则要求教育者在传授道德知识与培养道德品质的同时，必须将社会主义核心价值观贯穿于教育的各个环节，确保学生形成正确的世界观、人生观与价值观。具体而言，教育者需引导学生深入理解与践行社会主义核心价值观，如爱国、敬业、诚信、友善等，使其成为学生道德行为的内在驱动力。

方向性原则的贯彻，体现在教育者需密切关注国内外形势的变化，适时调整教育内容与方法，确保道德素质教育与时代同步，与国家发展战略相契合。在国际形势复杂多变的当下，教育者应引导学生树立正确的国家观、民族观与全球观，培养其爱国主义精神与国际视野，使其在面对国际竞争与文化交流时，能够坚守中华文化立场，展现大国风范。

此外，方向性原则要求教育者在道德素质教育中注重法律教育与纪律教育，引导学生树立法治意识与规则意识，培养其遵守法律、尊重规则的良好习惯，为构建法治社会与和谐社会奠定坚实的基础。通过法律案例分析、模拟法庭、法律知识竞赛等形式，使学生在了解法律知识的同时，深刻认识到法律的尊严与权威，增强其社会责任感与公民意识。

2. 求实原则

求实原则，是指大学生道德素质教育要始终坚持理论联系实际、一切从实际出发、实事求是的思想路线和原则。

所谓理论联系实际，包含两层含义：第一，一定要掌握大学生思想政治教育的相关理论。大学生道德素质教育理论是从事大学生道德素质教育的重要指导，能为相关工作提供有效的方法。因此，我们必须全面地、系统地、准确地掌握大学生道德素质教育理论。第二，一定要从实际出发，实事求是。理论只有面向实践、指导实践、接受实践检验并随实践发展，才富有强大的生命力和战斗力。要做到理论和实际相结合，必须坚持实事求是。大学生道德素质教育一定要坚持和发扬理论和实际相结合的原则和作风。求实原则的贯彻实施要做到以下几点：第一，要一切从实际出发。一切从实际出发就是要坚持主观与客观、主体与客体的统一，按照实际的真实情况，制定不同的工作目标和计划，选择恰当的方法。第二，按照正确解决问题的步骤来办事。为了在大学生道德素质教育工作中坚持求实原则，就必须按照及时发现问题、确实弄清问题、正确解决问题这三个步骤来办事。要做到及时发现问题，就要做到善于调查研究，准确观察和分析问题，正视矛盾，不回避矛盾。发现思想问题和实际问题贵在及时，这样就能掌握思想教育的主动权。要做到确实弄清问题，是指发现工作中存在的实际问题后，要善于分析、研究和核实，抓住问题的核心，不为假象所蒙蔽。要做到正确解决问题，是指在弄清实际问题后，及时联系相关人员，运用相关理论，实事求是地解决问题。

3. 民主原则

在大学生道德素质教育中，教育者和受教育者之间要发扬民主，平等交流，提高道德素质教育的实效，需要遵循民主原则。民主原则，是指在大学生道德素质教育中，尊重学生的主体性地位，尊重其人格和民主权利，创造条件让大学生充分发表自己的意见并加以正确的引导。民主的实质是平等。大学生道德素质教育中的民主就是教育者与受教育者双方在充分尊重对方的人格和民主权利的前提下，创造条件让双方充分表达自己的思想和意见，并在此基础上正确处理相关问题，共同完成大学生道德素质教育的任务。民主原则的贯彻实施要做到以下两点：

第一，尊重人、关心人、理解人。尊重人，就是要尊重高校大学生，尊重他们的主人翁地位，尊重他们的人格及宪法赋予的各种民主权利，从而充分调动、引导和提高大学生参与社会主义物质文明建设和精神文明建设的积极性、创造性。关心人，即要求大学生道德素质教育者要多关注、爱护、帮助大学生，在政治上关心他们的成长，在工作上关心他们的进步，在生活上关心他们的困难，使大学生感受到温暖。理解人，就是要理解大学生的具体处境和个性，承认大学生在性格、兴趣等方面的差异，以心换心教育。

第二，民主原则要与严格要求相结合。一方面，坚持严格管理不能践踏大学生的人格尊严、漠视大学生的情感、无视大学生实际需要，要把严格要求同尊重人、关心人、理解人有机统一起来，使大学生思想政治教育处于升腾活跃的状态；另一方面，要把尊重人、关心人、理解人与严格管理结合起来，讲尊重人、关心人、理解人，绝不是不讲原则、放松管理、取消批评，绝不是迁就不合理的要求或容忍不守纪律的行为、奉行"好人主义"。

总之，尊重人、关心人、理解人是相互联系、相互渗透的统一体，是道德素质教育的优良传统，也是道德素质教育民主原则的要求。它要求大学生道德素质教育者必须以诚相待、以诚动人、以理服人、以情感人，只有这样才能振奋人心、激发热情，从而使大学生道德素质教育工作更富实效性。

4. 教书与育人相结合原则

教书与育人相结合原则是大学生道德素质教育工作的一项基本原则。所谓教书与育人相结合，是指教师在教学过程中，通过各种教学活动和各个教学环节，全面提高学生的素质和能力。教书与育人相结合原则的贯彻实施要做到以下两点：

第一，寓思想教育于教学之中。教书育人，教学是基础，育人是关键。我们要把思想教育工作渗透到各种教学环节中去，把传道、授业、解惑结合起来。这就要求教师在传授知识的过程中，要注意发挥和"挖掘"教材的思想性、知识性和趣味性，有机地结合社会实际和大学生思想实际，调动大学生的学习积极性，帮助大学生处理好德育与智育的关系，把思想政治教育工作渗透到大学生的各项学习活动之中，使他们酷爱学习、精于专业，从而达到我们所期待的目的。

第二，要正确处理道德素质教育和大学生学习活动的辩证关系。教书与育人，二者是相互联系、相互促进的。无论是自然科学还是社会科学的教师，都要结合教材特点，加强对学生的全面教育和培养，自觉地做到教书育人，发挥道德素质教育对大学生学习活动的方向引导作用和内在激励作用。但不能以此孤立地过分突出思想教育工作，过多增加道德素质教育时间，而削弱了知识学习活动，这样势必影响人才的全面发展。因此，要教好书，育好人，就要正确把握大学生道德素质教育和知识学习活动相结合的程度、方式，以利于大学生思想政治工作作用的发挥和大学生全面发展的需要。

5. 政治理论教育与社会实践相结合原则

对大学生道德素质教育工作新经验的科学总结,具有鲜明的现实性和针对性。教育者在道德素质教育中既要注重理论教育,又要注重实践教育,强调行为养成,实现知行统一。理论教育是思想政治工作的基础环节,要增强对大学生理论教育的效果,就要从不断地改进学习的方式方法和载体入手,要生动活泼,讲求效果,要入情入理,用事实来教育大家,通过相应的图片和声像,宣传思想理论,通过大家喜闻乐见、愿意接受的活动形式,提高大学生的马克思主义基本理论水平。理论来自实践又应用指导于实践,只有在实践中才能充分表现出其价值与魅力。教育者通过组织大学生参加社会实践活动,进一步加深其对理论的认识,巩固和强化理论教育的成果,真正提高其思想觉悟和认识能力。

6. 教育与自我教育相结合原则

教育是一种社会实践过程。它是由两个相互交织的并行过程所组成的:一个是教师(包括各种教育者)的教书育人(传道、授业、解惑)过程;另一个是学生的学习、成长过程。在教的过程中要充分发挥教师教的主观能动性,而在学的过程中则要充分发挥学生学的主观能动性,二者缺一不可。因此,教育不是一个单一的社会实践过程,而是由上述两个子过程交织而成的复合过程。大学生道德素质教育也是如此。

要正确贯彻教育与自我教育相结合的原则,一方面加强教育,充分发挥教育的功能;另一方面,加强自我教育,发挥大学生在自我教育、自我提高中的能动作用,通过他们思想的矛盾运动来达到转变思想、提高觉悟的目的。

第一,建立平等互助的新型师生关系。在大学生道德素质教育过程中,教师与学生应该建立起平等互动、互相尊重、互相学习的新型关系,通过有效的行动上的交流和行动的积极参与,调动教师实施教育与学生接受教育两个方面的积极性,以达到理想的教育效果。

第二,重视大学生的自我教育。大学生要具备自我教育的能力,要求教育者在教育实践中通过多种途径主动帮助和激发大学生主体能力的构建。大学生要实现自我教育,充分发挥主体的能力,主要从以下几个方面着手:一是道德素质教育者要注重启发大学生的自我教育意识,引导他们通过自主地学习、自觉地参与以及反省、反思、自我思想改造等自我修养途径，不断提高自己的思想道德水平。二是要打好学生的理论基础。理论的学习是大学生道德素质教育中不可缺少的一环。理论教育法是道德素质教育最主要、最基本的方法，也是大学生打好理论基础最直接的方法。大学生只有具备坚实的理论基础，才能以正确的理论指引自己的行为，才能在现实中明辨是非，为自己找准努力的方向。在当代复杂多变的社会生活面前，人们比以往任何时候更加需要科学的思想和理论来指导自己进行正确的选择和决策，以便更加有效地认识环境。三是要创造有利于大学生进行自我教育的条件，积极引导大学生进行自我教育。应当通过各种渠道和形式对大学生的自我教育活动予以支持、引导和帮助，鼓励大学生开展他们热爱的、健康的、有益的、丰富多彩的各种活动，使他们在活动中实现自我教育，相互影响。要引导他们开展批评和自我批评，在严格的自我批评和与人为善的相互批评过程中，教育自己、教育别人、相互借鉴、共同提高。要鼓励大学生参与高校的民主管理，组织大学生参加社会实践活动，使他们在民主生活和社会实践中得到锻炼，增长知识和才干，增强主人翁精神和社会责任感。要有计划地组织民主讨论，引导他们在民主的气氛中各抒己见、交流思想、坚持真理、修正错误、集思广益、相得益彰。四是树立成功的榜样。榜样示范法是指通过具有典型、榜样意义的人或事的示范引导作用，教育人们提高思想认识、规范自身行为的方法。榜样教育具有形象、生动的特点，它是理论与实际的有机结合。大学生用榜样的力量激励自己，在心中树立成功的典范，为自己指明努力的方向。这会使榜样产生更强的感染力和说服力，在大学生的自我教育中收到很好的效果。典型事迹可以使大学生看到榜样的成功之处，明确努力方向，从而努力奋斗，在改造客观世界的过程中全面提升自己的道德素质。大学生必须实事求是地选择对自己有影响力的典型，否则难以真正从思想到行动上予以认同，榜样也起不到典型引导的作用。

第二章 大学生思想道德素质培育的内容

第一节 大学生优良学风的培育

一、大学生要明确学习目的

(一) 学习是大学生的主要任务

1. 人类学习活动的一般性特点

所谓学习，一般是指人类生存过程中获取经验并导致行为变化的过程。而学生的学习，则是学生在一段较为集中的时间内，在教师的专门指导下，进行的一种有目的、有计划、有组织、有系统的以掌握间接经验为主的学习。这种学习具有集中、快速和高效的特点，并需要社会在物质和精神方面为之创造众多的条件，因此十分宝贵和难得。

人类学习活动具有以下一般性特点。

(1) 学习具有社会性

人是社会的产物，又是社会的主体，人的一切活动都是在社会生活中进行的。人的学习活动也是如此，它决不仅限于满足个体生存和繁殖的需要，更主要的是要满足人类社会存在和发展的需要。因此，人类学习的显著特点之一，就是具有鲜明的社会性。这种社会性具体表现为，一个人的学习必然要受某种社会需求和社会意识的支配，对学习者来说，就必然表现为某种学习欲望的产生和某种学习目的的确立。如果一个人的学习目的完全与社会要求相脱离，甚至相违背，那么这种学习也就从根本上失去了它自身存在的应有价值和意义。

（2）学习具有能动性

动物的生存方式是以单纯地适应自然界为基本特征的，它们的生存其实只是一种被动的适应过程。而人类则不同，人活着就要主动地去认识世界和改造世界。正如恩格斯所说："人的智力是按照人如何学会改变自然界而发展的。"这就是说，自觉的有目的的学习，正是人类所特有的主观能动性的突出表现，同时也是人成为"万物之灵"的根本原因之一。人生最大的乐趣是什么？就是通过学习认识客观世界的规律，掌握改造客观世界的本领，并在实践中把世界建设得更美好。因此，在记载中国古代教育家孔子言行的著名典籍《论语》中，开宗明义的第一句话就是："学而时习之，不亦说乎。"一个人只有热爱学习、善于学习，并不断发展自己的学习能力，才能使自己的人格得到健康、全面、和谐的发展。

（3）学习具有继承性

动物的生存是以直接的个体适应方式进行的，充其量只不过与人获得直接经验有某些相似之处。而人的学习则不仅限于获取直接经验，因为直接经验在时间上和空间上具有很大的局限性，因此人必须通过与他人的社会交往，继承前人和他人的间接经验。间接经验的获得，必须以社会传递为前提，以语言文字为工具。能够获取间接经验是人类得天独厚的一种特殊能力，它使人类文明得以绵延不断地由低级到高级持续发展，使人们可以通晓古今，一代又一代地丰富和完善自己。否定获取间接经验的必要性和人类文明发展的继承性，是一种十分愚蠢可笑的行为。当前，随着我国扩大高水平对外开放和现代化步伐的加快，吸收人类文明发展的一切优秀成果的必要性已越来越被人们认识和接受。

（4）学习具有创造性

人类学习不仅能继承模仿，而且能创造。创造是人类特有的潜能。人类学习的本质在于创造，人类文明源于创造。学习创造是人类赖以生存发展的根基，是人类历史发展的强大动力。

2. 高校学习的特点

高校与中学是学校教育的两个不同阶段，高校的学习生活与中学相比，具有独特的规律性，认识和把握这些规律，对于尽快适应大学生活，掌握学习主动权，具有重要意义。

（1）高校教学与中学教学的区别

首先，教学目的不同。普通中学教育的主要目的是向学生传授基础科学知识，为广大学生的继续升学或就业做好一般性的基础文化知识准备，基本上没有考虑其未来职业的具体要求。而高校教育则是一种专业基础教育，其目标是要把学生培养成为适应社会主义现代化建设需要的各类专门人才。因此，其教学目的要考虑具体职业的特殊要求，向学生传授专业基础知识、专业知识和本学科研究的最新成就和动向，使学生比较充分地做好就业的专业知识、技能方面的准备。

其次，教学内容不同。中学教学内容是多学科的、全面的、不定向的，高校教学则是一种定向的专业教学，教学活动是围绕着专业展开的。从教学内容的深度要求来看，大学生既要学习基础理论，又要接触现代最新的科技成果，还要对尚在探索和发展中的问题与趋向有所了解；从广度上看，尽管高校里所开设课程的学科面缩小，但每门课的教学却都体现对多学科知识的综合运用。

最后，教学方法不同。中学教育的教学活动，从课堂教学到实验教学，基本是围着教师转的，学生的依从性和依赖性比较强。在高校教学中，教师虽然仍然是教学中的主导力量，但学生的参与程度、自主程度则大大提高了；高校教学的主要形式虽然仍然是课堂教学，但比起中学来，高校课堂教学往往具有内容多、速度快的特点，教师一般只重点讲授概念、基本原理或主要难点，而将许多内容留给学生自学；高校教学还十分注重学科研究方法的培养，在注重基础知识和基本技能的同时，注重实践环节，注重培养学生分析问题和解决问题的能力。随着年级的升高，教师在讲授专业课的过程中会经常涉及本学科的发展前景、攻关难点，有意识地引导学生进行科学研究活动。此外，大学生还要有一定的参加专业实习和社会实践的机会，为今后走向社会独立工作打下必要的基础。

（2）大学生学习的主要特点

与高校教学上的特点相对应，大学生的学习具有自身的特点。

①学习上的自主性。这一特点源于高校教育更加强调学生的自我驱动与自我管理能力。在大学校园中，学生不再被进行严格的课程安排及受到全面的监督，而是被赋予了更多的自由度，可根据个人兴趣、专业方向及职业规划，自主选择课程、安排学习时间与设定学习目标。这一自主性要求学生具备良好的自我调节

能力，能够自我激励，制订合理的学习计划，并有效执行，以实现个人学术与职业发展的目标。

自主性学习还意味着学生需要培养批判性思维与独立思考能力，不再满足于被动接受知识，而是要主动探索知识的边界，提出问题，寻求答案，甚至对现有的知识体系提出质疑与挑战。通过参与科研项目、学术讨论、社会实践等活动，学生能够将理论知识与实践相结合，深化对专业知识的理解，提升解决问题的能力。

②学习内容的专业性和一定程度的选择性。高校学习内容的专业性体现在学生将深入某一学科领域，进行系统化、专业化的学习。不同于基础教育阶段的通识教育，高校教育要求学生在掌握广泛基础知识的基础上，聚焦于某一专业领域，深入学习专业知识与技能，为未来的职业生涯奠定坚实的基础。专业性学习要求学生具备较高的专注力与深度学习能力，能够在专业领域内进行深入研究，形成自己的学术见解与专业特长。与此同时，大学生的学习内容还具有一定程度的选择性。高校通常提供丰富的选修课程，覆盖人文社科、自然科学、工程技术等多个领域，允许学生根据个人兴趣与职业规划，选择与自己专业相关或感兴趣的课程进行学习。这种选择性不仅能够满足学生的个性化需求，促进其全面发展，还能够激发学生的学习兴趣，提升学习效率与质量。

③获取知识的多途径性。在信息爆炸的时代背景下，大学生获取知识的途径呈现出多元化的特点。除了传统的课堂学习，学生还可以通过图书馆资源、网络数据库、在线课程、社交媒体等多种渠道，获取所需的知识与信息。这种多途径性不仅丰富了学习资源，还要求学生具备信息筛选与批判性评价的能力，能够从海量信息中甄别真伪，提取有价值的知识，避免信息过载与误导。

获取知识的多途径性还促进了学习方式的多样化，学生可以根据个人学习习惯与偏好，选择最适合自己的学习方式，如自主阅读、小组讨论、在线互动等，从而提高学习的灵活性与效率。

④学习过程的探索性。大学生的学习过程强调探索性，即鼓励学生在学习中进行探究与创新。这一特点要求学生不仅掌握知识，更要学会如何运用知识，解决实际问题，甚至创造新知识。探索性学习鼓励学生参与科研项目、创新创业活

动，通过实验、调研、数据分析等方式，培养其科研能力与创新思维。在这一过程中，学生能够体验到知识的生成过程，理解知识的内在逻辑与价值，提升其学术素养与实践能力。

（二）学习目的

1. 学习目的的含义

学习目的是人们对学习的社会意义和作用的自觉认识和追求，是其理想、志向在学习生活中的具体体现。正确的学习目的，是激发大学生保持学习积极性、自觉适应社会和事业发展的需要而主动学习的必要前提。它给学习提供内在动力，它对大学生立身做人、顺利完成高校学业以及终身学习等都具有十分重要的意义。

在现阶段，世界科学技术的发展日新月异，世界各国综合国力的竞争主要就是科技的竞争，归根结底又是人才的竞争。改革开放以来，我国的社会主义现代化事业取得了骄人的成绩，但从总体来讲，与世界发达国家相比还有相当大的差距，这就要求青年，尤其是大学生通过刻苦学习，努力掌握先进科学技术，成为社会主义现代化事业需要的人才。因此，每个大学生都应当树立为社会主义现代化事业而学习，为实现中华民族的伟大复兴而学习的崇高奋斗目标，自觉地把日常的学习与自己肩负的历史使命、个人的成长和成才紧密结合起来，胸怀大志，勤奋学习，努力把自己培养成社会主义事业的合格建设者和可靠接班人。

学习目的是由多种不同层次、不同因素构成的复杂体系。影响和决定大学生学习目的的因素是多样的，既有近期性因素，也有远期性因素；既有主导性因素，也有辅助性因素；既有精神性因素，也有功利性因素。这些不同因素往往在一个人身上综合作用，因而也就构成了不同层次的学习目的。正确的学习目的应当能够支配全部学习活动，并且能够提供巨大动力来推动学习进步。

2. 树立明确的学习目标

首先，要激发高尚的学习动机。学习动机是学习的直接动力，贯穿于学习的全部过程，它决定着大学生为学习所付出的努力程度，同时也保证学习活动的方向。正确的学习动机能使人以勤奋、刻苦和持之以恒的态度进行学习。

其次，要确立切合实际的学习目标。学习目标是学习目的的具体化指标，也是影响学习动力的重要因素。一般来讲，定位较高又切合实际的学习目标往往能激发巨大的学习动力，而"60分万岁""尽最大努力保持门门及格""混到文凭即可"等学习目标往往使人不思进取，学习动力明显不足，因而学习效果也不理想。

最后，要培养浓厚的学习兴趣。兴趣是一种强大的精神力量。据研究，如果一个人对某项工作有兴趣，就能发挥他全部才能的80%~90%，并长时间保持高效率工作且不感到疲倦；而对工作没兴趣的人，只能发挥出其全部才能的20%~30%，且容易筋疲力尽。因此，培养大学生的学习兴趣非常重要。学习兴趣是推动大学生主动学习最活跃的内在动力。一个人有了浓厚的学习兴趣，就会锲而不舍地主动钻研，刻苦学习，产生一种自我鞭策、自我鼓励的强大动力，从而促使自己向着奋斗的目标不断前进。

二、大学生要讲究学习方法

学习方法是人们在学习中为获取知识技能而采取的手段和途径。科学的学习方法往往会产生事半功倍的效果，取得满意的学习成果。为在高校期间更好地学习知识、培养才能，大学生一定要学会学习，掌握科学的学习方法。

（一）学会学习的意义

学会学习，掌握科学的学习方法对大学生在校学习具有十分重要的意义，表现在以下两个方面。

1. 有利于尽快适应高校学习生活，激发大学生的学习兴趣和动力，调动学习的积极性

从中学升入大学，教学方法迥然不同于在中学时所习惯的那一套，有的同学因此会丧失学习的兴趣和信心，产生厌烦情绪。当经过一段时间的探索，他们逐步适应了高校的学习生活，逐渐掌握了高校的学习规律和学习方法以后，就会有克服困难后的愉悦感，建立起学习的自信心，学习兴趣和积极性也会随之得到提高。随着学习的步步深入和学习经验的积累，越往后会越感觉顺利，好似经过一段艰苦的攀登，到达高峰后将会产生"会当凌绝顶，一览众山小"的感觉。

2. 有利于培养和提高学习能力

所谓学习能力，就是指在学习中运用已经掌握的知识，进一步获得各种知识、才能和智慧的能力。学习能力可分为狭义和广义两种，狭义的学习能力即常说的自学能力，通常包括两方面：一是获得知识和技能的能力，包括阅读、听、问、写、观察、思维、发现与提出问题的能力等；二是巩固知识和技能的能力，包括练习能力、复习能力和记忆能力。广义的学习能力还包括在实践中学习、运用、驾驭知识的能力等。

学习能力的提高，是大学生学会学习的重要标志。大学生是否具备相应的学习能力，直接影响到当前和今后的学习。若在小学低年级阶段，依靠教师讲授知识是100%的话，到了高年级，学生自学的时间就占到30%，教师教的比重开始下降；到了中学，教师教和学生自学各占一半；而到了高校，教师教和学生自学的比例差不多为3∶7；临近高校毕业，学生的自学便要达到100%。我国教育家叶圣陶曾有一句名言："教是为了达到不需要教。"他还说"不教是为了养成学生有一辈子自学的能力"。掌握了科学的学习方法，具备了相应的学习能力，就好比掌握了打开取之不尽、用之不竭的知识宝库的钥匙，在未来的人生旅途中将受益无穷。

（二）高校学习方法

学习方法是一个多层次的复杂体系。从宏观上来说，如何制订学习计划、如何选择治学的途径、如何不断优化智能结构以及如何确立学习原则等都包含着方法问题。从微观上说，如何读书、如何检索资料、如何实验、如何记笔记、如何安排学习时间等也都属于方法问题。

1. 合理安排时间

高校第一年，对于大学生来说，是极其重要但又非常容易虚度的一年。有的同学在入学后的很长一段时间内还陶醉在高考胜利的喜悦中，完全放松了自己；有的同学则由于不能迈进自己心目中向往的高校而整天萎靡不振，觉得学习索然无味；有的同学则由于习惯了中学老师的严格管理和督促，面对大量需要自己支配的时间，不知该如何支配；有的同学开始把自修时间当作游玩时间，而一旦感到高校学习的"分量"后又手忙脚乱。可以说，如何科学运筹时间，是高校新生遇到的普遍性难题。

（1）要珍惜时间，树立起"时间就是生命，效率就是知识"的观念

只有抓住时间，才能抓住知识，才能使有限的生命闪耀出灿烂的光辉。莎士比亚说过"抛弃时间的人，时间也抛弃他"，我们绝不能让黄金岁月在彷徨、闲聊、睡懒觉中悄然逝去。

（2）要制订一个适当的学习计划

古人云："凡事预则立，不预则废。"制订学习计划，有利于明确学习目标；有利于有效地组织各项学习任务，提高学习效率；有利于增强计划意识和计划能力；有利于磨炼学习意志。刚刚入学的大学生，由于对高校阶段的学习全过程及其规律还了解得不够全面，不可能制订出高校阶段的全程计划。但是，可以先制订一个近期或短期的学习计划，列个时间表，根据所学课程的进程来安排自学。学习计划的制订必须切实可行，并坚持全面筹划和突出重点相结合、持续性和灵活性相结合，要善于接受实践的启示，适时校正方向，调整计划。

（3）讲究用脑艺术，提高时间利用效率

大脑的兴奋与抑制是有规律的。当大脑处于兴奋状态时即通常所讲的头脑清醒时，要抓紧时间学习，并适当延长学习时间。当大脑处于抑制状态时，就要休息，不要强迫学习。有些同学不注意科学用脑，从早到晚，长时间处于紧张状态，不仅学不进东西，反而经常处于疲倦状态。

2. 把握关键环节

在学习方法上要注意把握好学习的几个关键环节。

（1）预习

预习可以培养独立思考能力和自学能力，初步找到听课的重点、难点所在，做到听课时心中有数，对不懂的问题格外留心，对预习中初步了解的问题积极思考，甚至会在教师给出思路之前，去主动思考问题。同时，预习还可以提高记笔记的水平。预习应当做到"五要"，即要有计划、要有重点、要针对自己的弱点、要有时间保证、要有毅力长期坚持。同时，预习也应避免过粗和过细两种倾向。

（2）听课

高校教师在讲课中主要讲思路、重点、难点，启发学生学习。优秀的教师都能做到既讲清问题的实质，又把思维的方法渗透到教学内容之中。而思考和分析问题的方法在课本中是难以详述的，这正是学生听课的重点所在。要达到好的听课效果，必须思想集中，积极思考，跟上教师的思路。做到心到、眼到、耳到、脑到。听课时的"手到"，即做好课堂笔记是非常重要的。记笔记有助于抓住难点、重点，便于课后回味教师的思路；把教师讲的提纲挈领记下来，有助于使所学知识条理化；有助于上课注意力的集中，也可以随时记下自己听课中不明白的东西，以便课后钻研。记笔记要注意做到三点：一是要听、想、记结合。如果为记而记，埋头死记，课堂上无暇思考消化，笔记虽记得多，但脑子一片空白，势必影响听课效果。二是要防止思想上"卡壳"，对听课中听不懂的地方，可暂时放下，切忌固于一点而放弃继续听课。有的同学总结出"详略得当选择记，结合理解灵活记，板书时间迅速记，疑难问题特殊记"的方法，很值得同学们参考。三是注意定期整理笔记。应当在复习中定期对笔记加以补充整理，不仅有利于知识的条理化，也便于巩固、记忆，而且能培养自学能力。

（3）复习

复习是强化和巩固记忆痕迹的过程。它以再学习的形式，将自己在听课基础上所学的知识进一步深化与系统化，达到增强记忆、防止遗忘、加深理解、温故知新和改善或更新知识结构的功效。复习应当及时地有计划、有步骤地进行，否则就会"债台高筑"，积重难返，届时"临阵磨枪"也难以奏效。复习时要深入思考，敢于质疑，通过质疑与释疑，不仅能搞清许多原来不懂或似是而非的问题，而且能够锻炼思维能力。"学问"，就是既要"学"又要"问"，"问"可以节省冥思苦想的时间，在学习中埋头读书，不思不问或思而不问，不能达到学好的目的，但也不能依赖于"问"，不思而问。有两种好的"问"法：一是先思后问，即思而不得再去问；二是问后再思，在问懂以后再进行进一步的思考。

（4）作业

作业练习的基础功能在于将知识转化为技能技巧，由获得知识进而运用知识，锻炼分析问题和解决问题的能力。学生通过作业练习，也可以进一步理解、巩固所学的知识，同时检验掌握的程度。在作业训练过程中，最重要的是要处理好作业的量与质关系。知识转化为技巧，没有一定数量的作业练习是达不到的，但不能认为多多益善。培养解题能力在于精选题型，注意典型性、多样性、系统性。"题海无边，总结是岸"，要在探索解题规律和方法技巧上多下功夫，以达到举一反三之目的。

（5）小结

小结是在平时复习的基础上，把学过的知识做一番系统、全面的梳理，抓住重点、理清思路、综合归纳，使学得的知识系统化、完整化、牢固化和实用化。小结的方法多种多样，如列出简明醒目的图表，写出清晰、精练的提纲或用公式、方框图和系统图表来概括、归纳。

3. 学会利用书刊资料和上网查询

大学生的学习，如果仅仅满足于课堂、课本是远远不够的，书刊资料是大学生获取知识的另一重要途径。大学生应该学会利用图书馆，学会在书刊中吸纳自己所需要的东西。具体说来，一是要懂得一些目录学和工具书的知识，学会查阅、检索书刊资料，找到自己需要的信息。二是要学会选择参考书。阅读参考书有利于扩大知识面、拓宽思路，帮助加深对教材的理解。参考书的选择，除了听取任课教师和高年级同学的建议外，还要根据自己的阅读和理解能力，注意与教材的联系，选择有特点的书来读。三是要学会积累资料。平时逐渐养成习惯，日积月累，这对于学习和进行科学研究具有很重要的作用。

互联网的快速发展对学习具有革命性意义。丰富的网上信息资料、便捷的传输手段，无疑大大有助于我们的学习。网络的开放性、交互性等特点更为我们进行参与性的学习讨论等提供了极大的方便。我们要充分利用好这一现代化的学习工具，除要努力学好相应的计算机应用知识之外，还要学习了解有关学科分类等知识，以便在庞杂的网上信息中尽可能找到自己所需要的东西。当然网络是一柄"双刃剑"，在为我们的学习提供种种好处的同时，网上大量形形色色的信息，极易使人沉湎其中、不能自拔，特别是各类负面信息，更是人生的"陷阱"，大学生对此必须有自觉清醒的头脑。

4. 掌握读书基本方法

读书是学习的基础，要获取知识，就离不开读书。北宋文学家欧阳修认为：立学以读书为本。数学家华罗庚认为：学习必须先从踏踏实实地读书开始。对大学生来说，学习的任务之一是学会自学，是否善于读书，是自学能力强弱的重要标志。

读书是为了求知、获知，因此，读书应达到这样三个基本要求。一要读懂。必须掌握的知识，一定要反复、透彻理解，务求破疑。二要读通。要搞清知识的来龙去脉，前后知识的联系，使之连贯一气，成为体系，闻一知十，触类旁通。三要读活。就是要将静的知识化为活的知识。把书读活还包括能走出文字之限，掌握书中言外之意和所蕴含的深刻哲理。

要读书有成，就要讲究读书的方法、读书的艺术。大学生应当学习、掌握和利用适合自己学习特点的读书方法。读书的方法有很多，如循序读书法、浏览读书法、积累资料读书法、质疑读书法、比较读书法、溯源读书法、逆向读书法等。当然，学习是一个非常复杂的过程，人们的学习活动总是受各自的认识过程和认识系统所制约。因此，重要的是要根据个人的智力情况、能力和学习要求，博采众长，不断摸索出更加适合自己特点的学习方法，这样才能真正掌握学习的主动权。

（三）高校学习要处理好几种关系

高校学习有其内在的规律。虽然对于不同高校、不同专业来说，学习内容不尽相同，但就一般而言，处理好以下关系，对于完成从中学到高校的转变是很有帮助的。

1. 学习基础课与专业课的关系

高校的课程结构，一般分为三个层次：基础课、专业基础课和专业课。

基础课，又称公共课，包括数学、物理、化学、政治理论课、外语课、体育课等。开设这些课程，能够帮助学生确立一般的科学基础知识和科学思维方法，树立正确的世界观、人生观，学习必要的语言工具，锻炼强健的体魄。

专业基础课，是向学生讲授与他们所学专业密切相关的基础理论、基本知识及基本技能的课程，其目的是为学生学习专业课打下牢固的理论基础和扎实的技能基础。

专业课，则是学生所学专业的理论、知识和技能的科学体系，在整个课程结构中，它是反映专业特点的核心部分。

以上三类不同层次的课程，是一个密切联系、有机统一的整体，缺一不可。这就要求学生必须正确认识和处理好各层次课程之间的关系。俗话说"根深叶茂"。基础课如同树木的根，专业基础课就像树木的主干，专业课就是树上所结的果实。一棵树只有根基深厚，主干才能粗壮，将来才会结出丰硕的果实。因此，大学生既要学好基础课、专业基础课，又要在此基础上学好专业课，并努力使两者的学习有机地统一起来。

有的同学认为在高校的课程结构中，层次越高的课程就越重要。因此，不愿认真学习基础课，也不重视专业基础课，只愿在专业课上下功夫，这实在是本末倒置。

2. 学习知识与掌握技能的关系

在高校学习中，除了掌握一定的知识以外，还有一个很重要的任务，就是要培养和训练一定的与专业相关的技能。例如，学医的要会诊断、开处方、动手术；学工科的要会计算、绘图、操作机器；学农的要学会田间管理和生物学实验技能。因此，在学习实践中，既要重视基础理论，又要重视现代化技术；既要注重知识的积累，又要注重技能的训练；既要发展思维能力，又要发展动手能力。手脑并用，相辅相成，相互促进，这样才能在专业上达到较高水平。大学生做到学习知识和技能培养不偏废，才能为今后的事业打下扎实的基础。

当前主要问题是，有部分同学一心只想多学理论、多学知识，对技能培养不重视，不愿多下功夫，有的连实验也不好好做，答案、数据抄别人的，也有一部分学生轻视理论，只注重技能培养。这两种情况都是不可取的，其结果必然导致知识结构的不完善，对自己的专业学习有害而无益。

3. 广博与专深的关系

高校学习是定向的专业化学习。那么，大学生还要不要广博的知识呢？回答当然是肯定的。现代科学发展的特点之一，是学科既高度分化，又高度综合化。

一方面学科的划分越来越细，另一方面各种不同学科之间的相互关联和相互渗透又越来越明显。一个生活在当代的人，不应只懂得自己的专业知识，而不懂得其他学科的知识。大学生学习不要太局限于一个专业，其他专业的东西也应该学一点，对重要的科学发展都应该有所了解。科学发展的正确原则是按系统工程原则发展的。系统工程就是讲你这个系统和别的系统的关系。这是事物发展最重要的方面，互相影响才能往前发展。控制论创始人认为，科学工作者应该成为这样的人，他们每个人都是自己领域中的专家，但对他的邻近领域都具有十分正确和熟练的知识。可见，既专又博，在专深的目的下求广博，在广博的基础上求专深，应当成为大学生学习的一条重要原则。只有将广博与专深有机统一起来，博而不滥，专而不死，恰当安排，相互促进，才能建立一个合理的知识结构，有利于自己的全面发展。

4. 继承与创新的关系

就大学生的学习而言，其主要是对前人科学文化成果的继承。只有掌握了前人在发展过程中创造的文化，在此基础上才能进一步创造，否则就只能永远从零开始。不向前人学习，盲目地去创新，就会欲速而不达；相反，只注意学习和模仿前人，因循守旧，也不可能有所创造、有所贡献。因此，我们既要继承前人的成果，又要有创新精神。

继承和创新是辩证的统一，这是人类文明史上的一条客观真理。马克思和恩格斯继承了德国古典哲学的光辉成果，同时又突破了它的局限，创立了马克思主义哲学。爱因斯坦继承了牛顿力学体系，在更广阔的领域里进行批判性探索，从而突破了牛顿力学体系的局限，创立了相对论。首先，在学习过程中，创新精神首先表现为一种科学态度，既虚心学习研究前人的成果，又绝不能盲从。在读书和听课过程中，一旦发现了问题，就要认真思考，深入钻研，敢于提出与书本、与教师不同的见解，当中就可能包含了某种创新。古人云，学而不思则罔，就是说读书而不思考，反添迷茫。只有对所读的东西认真思索了，才能提出新问题，才会对自己有所教益。其次，学习中的创意重在积累，需要抓住微小之处，头脑中只要闪过一点新的有意义的东西，比如，一道习题的新解法，对一个问题的新看法等，都要立即抓住它，力求加以发展。这样做，即使一时出不了大的成果，也会把自己的学习引导到一个好的方向，培养成一种良好的习惯，日积月累地坚持下去，就会渐生效果。

三、大学生培养优良学风

大学生学习任务的顺利完成既需要个体明确学习目的，掌握科学学习方法，同时也需要校园整体的优良学风来保证。优良的学风不仅有益于大学生学业的完成，也有益于良好品德的形成，促进他们的成长与成才。

（一）学风的含义

学风，作为高校文化的核心组成部分，是指高校中普遍存在的学习态度、学术氛围和行为规范的总和。它不仅体现了高校的教育理念和价值导向，也直接影响着学生的学习效果和个人发展。学风的构建与维护，对于营造积极向上的学习环境，培养学生良好的学习习惯和道德品质，具有不可替代的作用。

1. 熏陶作用

学风的熏陶作用体现在它对学生个体的潜移默化影响上。在一个学风浓厚的环境中，学生会自然而然地受到正面价值观的熏陶，形成追求卓越、勤勉好学的学习态度。这种环境下的师生关系、同学关系往往更加和谐，相互尊重、合作互助成为常态，这有助于学生建立健康的人际交往模式，增强团队协作能力和掌握社交技巧。此外，优良的学风还能激发学生的内在动力，促使他们主动探索知识，积极参与学术研究和社会实践，培养创新精神和批判性思维。通过参加各种学术讲座、研讨会、社团活动等，学生能够在实践中不断提升自己的综合素质，为未来的学业和职业生涯打下坚实的基础。

2. 凝聚作用

学风的凝聚作用则体现在它能够汇聚集体智慧，形成强大的团队凝聚力。在良好的学风氛围下，学生之间、师生之间形成了紧密的联系，共同的目标和愿景促使大家团结一致，共同努力。这种凝聚力不仅表现在学术研究和项目合作上，也体现在面对困难和挑战时的相互支持和鼓励上。

学风的凝聚作用还体现在它能够吸引优秀人才，包括学生和教师，共同致力于学术创新和人才培养。一个具有良好学风的高校，往往能够营造出开放包容的学术环境，鼓励自由探索和学术交流，吸引国内外知名学者来访讲学，为学生提供与顶尖专家面对面交流的机会，拓宽学生的国际视野，增强学生的跨文化交流能力。

3. 约束作用

优良的学风一旦树立，就形成一股强大的约束力、感召力，这种作用，是规章制度所不能比拟的。它能使其中的每一位成员自觉维护既有的教学秩序，尊重教师劳动，自觉抵制与良好环境不协调的行为，可以凭借群体对个体行为的约束、规范作用，达到"蓬生麻中，不扶而直"的效果。一个具有良好学风的寝室能使寝室各成员团结互助、学业有成，一个具有良好学风的班级能让每位同学朝气蓬勃、力争上游。古时"孟母三迁"的故事，说明了孟母对环境影响人成长的高度关注。现在不少学生和家长也十分重视高校的选择，其实选择一所好的高校，主要就是为了选择一个好的学习氛围，选择一个好的学习群体，选择一种好的校园精神，选择一个好的学风。"与善人居，如入芝兰之室，久而不闻其香，即与之化矣"，这个道理古人懂，今人也懂。

（二）优良学风的基本内容

1. 勤奋刻苦的学习毅力

在高校这个知识的殿堂里，学生面对的是更加专业化和深度化的学习内容，这要求他们具备极强的自我驱动力和坚持不懈的精神。勤奋刻苦不仅仅体现在长时间的投入和高强度的学习上，更重要的是在遇到困难和挑战时不轻言放弃，能够通过自我调整和策略优化，持续不断地向目标迈进。

这种学习毅力的培养，需要学生具备良好的时间管理和自我调节能力，能够合理安排学习与休息的时间，保持身心健康。同时，也需要高校提供丰富的学习资源和良好的学习环境，如图书馆、实验室、在线课程等，以及专业的指导和帮助，让学生在遇到学习难题时能够得到及时的支持和解决。

2. 虚心踏实的学习风格

虚心踏实的学习风格是优良学风强调了学习过程中的谦逊态度和脚踏实地的

实践精神。在高校阶段，学生不仅需要掌握知识，更重要的是学会如何学习，如何将理论知识与实践相结合，解决实际问题。这就要求学生在学习过程中始终保持一颗求知若渴的心，对待知识和前辈保持谦逊的态度，勇于承认自己的不足，愿意从错误中学习和成长。

虚心踏实的学习风格还体现在学生对学习过程的重视上，他们不会满足于表面的知识积累，而是会深入探究知识的本质和应用，通过实践操作、案例分析、团队合作等方式，将理论知识转化为实践能力。这种学习风格的培养，需要学生具备批判性思维和创新意识，能够独立思考，勇于探索未知领域，同时也需要高校提供丰富的实践机会和创新平台，如科研项目、实习实训、创新创业大赛等，让学生在实践中不断锤炼和提升自己的能力。

3. 科学严谨的学习方法

所谓科学，就是学习方法要符合高校学习生活客观规律的要求，避免主观随意性。这方面所包括的内容很多，大致有以下几点。

（1）学会听课

学会听课要求学生在课堂上能够集中注意力，积极思考，与教师形成有效的互动。这不仅意味着记录笔记和理解知识点，更重要的是培养批判性思维，敢于提问，善于从不同角度思考问题。学会听课还包括学会聆听同学的观点，这能够促进思维的碰撞，拓宽知识视野，培养团队合作和沟通能力。

（2）学会读书

学会读书是高校学习的深度拓展，它超越了简单的阅读理解，要求学生能够批判性地分析文本，理解作者的意图，掌握文章的主旨和论证逻辑。学会读书还包括学会查阅资料，利用图书馆和网络资源，进行深入研究，培养独立思考和解决问题的能力。同时，学会读书也意味着学会批判性阅读，能够辨别信息的真伪，避免盲目接受，培养科学的怀疑精神和批判性思维。

（3）学会科学用脑

学会科学用脑是学生应得到的科学指导，它强调了合理安排学习和休息，保持大脑的最佳状态。这包括理解大脑的工作原理，如记忆曲线、注意力周期等，根据这些原理安排学习计划，避免过度疲劳，保持长期的学习动力。学会科学用脑还包括培养良好的学习习惯，如定期复习、分散学习、交替学习等，这些习惯能够提高学习效率，促进知识的长期记忆。

（4）学会运筹时间

学会运筹时间就是学会时间管理，它要求学生能够合理规划学习和生活的时间，平衡学术、社交和个人兴趣。这不仅意味着制订详细的学习计划，更包括学会优先级排序，区分紧急与重要，避免拖延症，提高时间的利用效率。学会运筹时间还包括学会应对突发情况，如考试周的压力管理，能够保持冷静，合理分配有限的时间，以最佳状态迎接挑战。

（三）如何培养优良学风

1. 自觉加强优良学风的养成

学风与多种因素有关，高校作为社会大环境的一个重要组成部分，势必也要受到社会上各种积极与消极现象不同程度的影响。当前，随着我国现代化事业向纵深发展，绝大多数学生都在积极调整状态，自觉地按照社会主义市场经济发展对各类人才的要求，以积极主动的姿态加紧德业双修，做好素质准备。从主流上看，大学生的学风是积极向上的，各种读书热、辅修热、考证热等方兴未艾，大多数同学有较强的学习自觉性、主动性，并将主要的时间与精力投入到学习中。

但不可忽视的是大学生的学风仍然存在一些问题，由于较长一段时间以来社会上急功近利、拜金主义等不良风气的影响，高校的学风也受到很大的冲击，一部分同学学习积极性下降，一些同学在学习上功利性色彩太浓，学习上追求短期目标和实惠，甚至投机取巧、考试作弊，等等。当然，高校绝不能将学风上的问题全部简单地归因于社会，大学生更需要对此现象有一个正确的认识并予以正视，绝不能认为自己与学风建设无关而置身事外。要建设优良的学风，关键是从主观自身，从我做起，大学生必须从主观上多方面做出努力，自觉做优良学风的建设者。

2. 从早抓起，持之以恒

优良学风的形成，绝非朝夕之功。各个高校在各自创建、发展的历程中，都不同程度地形成了具有本校特色的学风，它作为育人的重要心理环境，对高校教学、科研的发展，对培养造就一批又一批的社会主义新人起到了独特的陶冶作用。同样，许多学有所成的学者在其长期的治学过程中形成了各自独特的优良治学风尚，并从中受益。大学生必须承担起做优良学风传人的职责，既当优良学风的继承者，又做优良学风的建设者。

优良学风的培养须从早抓起。大一是学风建设的关键时期，这是因为在中学阶段多数同学还不大懂学风建设的重要性，还没有自觉养成建设优良学风的习惯。所以，对高校新生来说，学风建设基本上处于起步阶段。高校学习生活的特点，客观上对大学生的学风提出了很多的要求。近年来，不良学风在一些高校校园里蔓延，迫切需要用优良的学风来对之加以抵制。所以，从大学一年级开始就抓紧学风建设，是非常有必要的。

诚然，优良学风的形成，要依靠日复一日的坚持和努力，这是一个长期积累和养成的过程，需要付出精力和汗水，需要具有意志和毅力。一所高校的优良学风，正是由于一代又一代师生的共同珍惜、培育，才得以不断延续并发扬光大。

一个有抱负、有志向的大学生，要想真正成为具有真才实学的有用之才，必须继承和发扬前辈师长们创建的优良学风传统，并自觉注意日常的学风素质，做到持之以恒。

3. 齐抓共管，创设氛围

学风是校风的重要内容，培养学生优良的学风必须依靠师生的联动，通过建设高校的校风学风来推动学生个体良好学习风气的养成。总结高校近些年来学风建设的成就，有以下几方面是值得借鉴的。

（1）制度保障

通过建立和健全高校的规章制度，明确校纪学规，规范师生行为。规章制度对人行为的规范作用主要是由奖惩两个方面来保证的。一方面，通过奖学金制度和评优制度，表彰学习上表现较好的同学；另一方面，通过严格、严肃和公平、公正地对违纪学生的处理，使学生对自己的不良行为与后果之间的关系十分清楚，不存侥幸心理。比如对违反课堂纪律的规定，对违反考试纪律的规定等，都在很大程度上对大学生的不良学习行为起到了纠正的作用。

（2）教师引导

通过抓教师的师德师风建设，培养优良教风，带动学生优良学风的形成。正如古人所说的："君子之德风，小人之德草，草上之风必偃。"（《论语·颜渊篇》）教师的教风，教师的治学态度、做事态度和高尚人格对学生的影响是日积月累、潜移默化的。一个好的教师对学生的影响将持续终身，一个好的教师团队对学风的影响也将是历史性的，因此，抓紧抓好师德师风是进行学风建设的关键性因素。

（3）党建促进

通过党校学习和党支部的日常教育，要求每个党员要站在保持党员先进性的高度，在学习上严格要求自己。党员的模范带头对积极进取、勤奋好学的良好学习氛围的形成具有重要作用。

（4）骨干带头

通过抓学生干部队伍建设，注重发挥学生骨干在学风建设上的带头作用，以先进带后进，形成"比学赶帮超"的良好氛围。

（5）家长督促

家长是学生的第一任老师，在小学和初中阶段，家长对自己孩子的学习习惯和学习兴趣的培养起着举足轻重的作用。进入高中以后，随着学生自主学习能力的提高，这种影响力渐渐减弱。进入高校以后，由于空间上的相隔，家长对孩子更是鞭长莫及。但是，家长对大学生的心理影响始终是很大的，家长在优良学风的形成方面也可以发挥适当的作用。大学生可以通过电话或微信、QQ以及在必要的情况下约见的方式与家长取得联系，获得家长的关心和支持。

第二节 大学生心理素质的培育

一、心理健康与人生发展

(一) 全面的健康观

1. WHO 的健康定义

"无病即健康"的观念长期以来一直为许多人所持有,人们习惯于把躯体完好无病作为人体健康的唯一标志,而忽视了人的心理状况和社会适应状况。这种狭隘的健康观导致人们只重视躯体疾病而忽视心理疾病,只重视身体的锻炼而忽视心理的保健,只重视影响健康的生物因素而忽视心理、社会因素。

随着社会的发展和人们认识水平的提高,人们越来越认识到,人不仅仅是一个生物体,而且是生活在一定社会环境中的身、心、境三者互动的一个动态系统,影响人健康的不仅有生物因素,而且还有心理、社会因素。也就是说,人的生理健康、心理健康以及社会环境这三者是紧密相关、辩证统一的。

2. 正确理解心理健康标准

①一个人是否心理健康与是否有不健康的心理和行为并非一回事。心理健康状态的评估应该基于个体长期的心理状态,而非一时一事的判断。这意味着,即使一个人偶尔表现出某些不健康的心理或行为,也不足以断定此人心理不健康。心理健康是一个动态的过程,需要综合考虑个体的持续心理状态。

②心理健康与不健康之间并非绝对的二元对立,而是一个连续体,涵盖了从健康到不健康的各种程度。这意味着,个体的心理健康状态可以处于这个连续体上的任何位置,且健康与不健康之间并没有一个明确的界限,更多的是程度上的差异。这一理解有助于我们更加宽容地看待自己和他人的心理状态,避免过度标签化。

③心理健康状态并非静止不变,而是处于一个动态变化的过程中。个体的心

理健康状态可以在不同时期发生变化，既可能由不健康转向健康，也可能从健康状态下滑至不健康。这表明，心理健康是一个需要持续关注和维护的过程，个体应该积极采取措施，预防心理问题的发生，同时在出现问题时及时寻求帮助，促进心理状态的恢复。

④心理健康的标准不仅提供了评估个体心理状态的基准，更是一个积极的导向，鼓励每个人都朝着更高的心理健康水平努力。这些标准不仅限于避免心理问题，更强调个体的积极发展，如自我实现、人际和谐、情绪管理等。大学生应该将心理健康视为个人成长的一部分，通过自我探索、情绪调节、社会支持等途径，不断提升自己的心理健康水平，充分发挥个人潜能，促进全面发展。

（二）身心健康对人生的意义

1. 身心健康是人才成长的重要条件

健康的体魄与良好的心理素质是人才成长的重要条件，也是成为一名合格大学生的基本标准。体育为知识之载而为道德之寓者也，"德智皆寄于体"，"无体是无德智也"。这些话深刻阐明了德、智、体三者的关系，强调了身体健康的重要性。大学生的主要任务是学习，学习本身就是紧张、艰苦和复杂的脑力劳动，是通过一系列积极的心理活动完成的，需要全身心投入。没有身心健康，就无法坚持正常的学习。

从年龄上讲，大学生正处在人生的"多事之秋"。青年期是心理活动最复杂多变、心理矛盾和冲突最强烈的时期，成熟与不成熟、独立与依赖、自尊与自卑、理想与现实、情感与理智、需求与满足等矛盾交织在一起，使大学生常常处于情感的"狂风怒涛"之中。能否处理好这些矛盾，调节好自己的心理，不仅是对大学生心理素质的一个考验，同时也直接影响大学生的成长与发展。然而，相当一部分大学生的心理素质却适应不了发展的需要，内心敏感而又脆弱，很容易受到伤害，影响了自己的发展。因此，身心健康是大学生成才的重要条件。

2. 身心健康是事业成功的基础

一个人想要在事业上有所作为，就必须付出艰苦的劳动，需要有旺盛的精力和体力。居里夫人在总结自己成功的经验时说："科学的基础是健康的身体。"近年来一些才华横溢、贡献突出的中青年学者、专家，由于身患疾病而英年早逝，这无论对国家、对事业还是对亲人来说，都是重大损失，也值得人们警醒。

在迈向成功的道路上绝不会是一帆风顺的，它需要献身事业者有坚韧不拔的毅力，有积极乐观的态度，有对困难和挫折很强的心理承受力，而这一切都离不开健全的心理。尤其是随着社会的发展，生活节奏越来越快，竞争越来越激烈，对人心理素质的要求也越来越高，身心健康对于事业成功的意义就显得更为重要。每一位有志气、有抱负的大学生，都应该把今天的努力与明天的成就联系起来，重视自己的身心健康。

3. 身心健康是人生幸福的源泉

一个身体虚弱的人，常受到疾病的折磨；一个心理失衡的人，常常处在痛苦与忧愁之中。身心健康是人生幸福的源泉，良好的身心状态是适应社会变化、应对各种挑战的保证。一个身心健康的人能够比较好地处理自我与他人、与社会之间的关系，能够对社会、环境的变化泰然处之，能够积极地发挥自己的聪明才智和内在潜能，从而体会到一种安全感、舒适感、满意感和成就感。一旦基本生存需要得到保证后，心理健康在决定人们生活的质量中起着重要的作用。

总之，身心健康的人更能体验生活的乐趣，领略人生的美好，享受生命的活力，提高生活的质量。他们热爱生活，乐观向上，朝气蓬勃，青春常在，人生充实而又幸福。

二、增进心理健康

（一）走出认知误区

1. 认知与心理健康

认知，作为个体对内外部信息进行加工、理解和解释的心理过程，对心理健康具有深远的影响。心理学研究表明，认知模式不仅塑造了个体对世界的看法，还直接影响到情绪体验和行为反应。健康的认知模式能够促进个体的心理适应，增强抗压能力，而扭曲的认知模式则可能诱发或加剧心理问题，如焦虑、抑郁等。因此，理解认知与心理健康之间的关系，识别并调整不合理认知，是增进心理健康的关键步骤。

2. 不合理认知的特征

不合理认知，指的是个体在缺乏充分证据或违背事实的情况下形成的负向、扭曲或过度泛化的思维方式。这类认知模式通常具有以下特征。

绝对化要求：个体倾向于将事情看作非黑即白，不允许任何例外，如"我必须在所有事情上都做得完美"，这种绝对化的要求往往难以达到，从而引发强烈的挫败感和自我批评。

过度概括：基于一两次失败或负面经历，就形成对自我、他人或世界的广泛负面看法，如"我总是失败，我什么都做不好"，这种过度概括会使人陷入自我否定的循环。

选择性抽象：个体在处理信息时，仅关注负面细节，而忽略积极或中性的方面，导致对现实的偏颇认知。

情绪推理：个体根据自己的情绪状态来判断事情的真实性，即使缺乏客观证据，如"我感觉不好，所以事情一定很糟糕"。

3. 大学生自我认知的误区

大学生在成长和发展的过程中，面临着学业压力、人际关系、未来规划等多重挑战，这些压力源容易导致自我认知的误区，具体表现如下。

完美主义倾向：追求极致的完美，对任何小失误都无法容忍，这种过度的自我要求不仅增加了心理负担，还可能抑制创造力和冒险精神。

自我贬低：过分关注自身的缺点和不足，忽视个人的优势和成就，这种消极的自我评价会损害自尊心，削弱自信心。

社会比较：频繁与他人进行比较，特别是在社交媒体上，容易产生嫉妒和自卑感，影响心理健康。

未来焦虑：过于对未来的不确定性和可能的失败感到担忧，忽视当前的努力和享受，这种焦虑不仅消耗心理资源，还可能影响学业和人际关系。

（二）摆脱情绪困扰

1. 情绪的含义及调节情绪的意义

情绪的心理学定义是，个体受到某种刺激所产生的一种身心激动状态，它使个体产生愉快或不快的两极体验，当情绪产生时，其引起的生理变化和行为反应不易为个体所控制，所以情绪对个体生活的影响很大。情绪是由个体对来自外在和内在的种种刺激事件进行认知或评价后产生的，若个体认为这些刺激事件将产生符合其需要的结果，则产生积极的、愉快的或正面的情绪，若个体认为这些刺激事件将违背其需要，就会产生消极的、痛苦的或负面的情绪。因此与情绪紧密相关的是个体对刺激的认知和需要或欲望的满足。

情绪广泛地渗透在大学生的一切活动中，不仅与大学生的心理健康有关，而且直接影响到大学生的心理发展、学习效率、生活质量和潜能开发。当大学生处于愉快、乐观的情绪状态时，其往往乐于行动，愿意与人交往，学习、工作富有创造性，并感到生活的美好，对未来充满信心。若大学生体验到负面的、痛苦的情绪时，则会行动消极，效率下降，导致生理紊乱，甚至做出有害的带有冲动性的行为。消极情绪的长期积累，还会引发身心疾病。大学生处在社会转型的时代背景下和特殊的年龄阶段，承受着来自外部和内部的种种压力，因此大学生不可避免地受到种种消极情绪的困扰，会影响大学生的健康和发展。根据情绪产生的原因，必须立足于对消极情绪刺激源的理性认知和欲望的淡化，来解开消极情绪之结。

2. 大学生常见情绪困扰及其克服

大学生常见的情绪困扰主要有焦虑、抑郁、冷漠和压抑等。

（1）焦虑

焦虑是指个体主观上预料将会有某种不良后果产生或模糊的威胁出现时的一种不安情绪，并伴有忧虑、烦恼、害怕、紧张等情绪体验。被焦虑所困扰的大学生常表现为心烦意乱、坐立不安、思维受阻、行为不灵活、动作不敏捷、身体不舒服、失眠、食欲不振等。严重的焦虑会使人失去一切情趣和希望，甚至导致心理疾病。

克服焦虑对维护身心健康是十分重要的。为此,应增强自信,相信"车到山前必有路",总会有办法的,这样可减轻焦虑;应开阔胸襟,坚强意志。不过分计较得失,不害怕困难,也不杞人忧天,因为无谓地或过分地担忧都是有害无益的;应冷静分析,当机立断,积极行动,因为犹豫徘徊只会增加焦虑。总之,凡事应尽自己最大的努力,把注意力从担心失败转移到积极行动、争取成功上来,并且学会从现在开始。当然,并不是说所有的焦虑都是坏事。适度的焦虑可以唤起警觉、激发斗志,是生活中不可缺少的。譬如,教育心理学的研究认为,中等焦虑最利于考生自我能力的发挥,而无焦虑或高度焦虑则不利于考生水平的发挥。

(2) 抑郁

抑郁,作为一种常见的情绪困扰,影响着许多大学生的心理健康。它不是短暂的心情低落,而是一种持续的情绪状态,伴随着对日常活动失去兴趣、精力减退、睡眠和饮食习惯改变、自我评价降低等症状。大学生面临学业压力、人际关系挑战和未来不确定性时,容易触发抑郁情绪。

克服抑郁,首先需要正确认识和接纳自己的情绪状态,避免自我指责。建立稳定的支持网络,与信任的朋友、家人或专业心理咨询师分享感受,寻求理解与支持。此外,规律的体育锻炼、健康的饮食习惯、充足的睡眠以及保持兴趣爱好,都有助于改善情绪,提升生活质量。

(3) 冷漠

冷漠,表现为对周围事物缺乏兴趣和情感反应,是另一种影响大学生心理健康的情绪困扰。在快节奏的学习和生活环境中,长期的高压和过度竞争可能导致学生对周遭事物逐渐失去敏感度,甚至对重要的人际关系和活动感到麻木。

为了消除冷漠,大学生应充分意识到冷漠的危害性,分析自己冷漠的原因,从而作出针对性的调整。对此,积极转变观念,合理选择自我的理想目标,诚实地直面内心和环境的压力,诚实地了解并适当宣泄自己的挫折感受,并采取积极行动是很关键的。

(4) 压抑

压抑,作为情绪困扰的一种表现,指的是个体有意或无意地抑制负面情绪,避免面对内心的痛苦。长期的压抑不仅不能解决问题，反而可能导致情绪累积，影响心理健康。大学生在面对压力和冲突时，可能会选择压抑自己的真实感受，以维持表面的和谐。

生活对每个人来说都是公正的，生活中有欢乐，也有悲愁。有的人经常看到光明、欢乐的一面，因而感到生活很愉快；也有的人总是看到灰暗、忧伤的一面，所以觉得生活很不称心。其实，每个人都是自己"心灵的主宰"，都应该对自己的情绪负责。学会调节自己的情绪，不仅意义重大，而且是完全可以做到的。树立正确的人生观和价值观，并在正确的人生信念的基础上，淡泊明志，热爱生活，开阔心胸，对人豁达，宽容大度，不过多地注意生活中的小事，多为别人着想，以一颗爱心帮助别人，形成良好的人际关系等，都是保持情绪乐观向上的重要方法。

（三）克服意志缺陷

一个人如果意志薄弱，就容易成为本能欲望的奴隶，就会被消极情绪所控制，就容易陷入不良习惯的泥潭而不能自拔。大学生的意志品质已呈现出比较高的水平，但发展并不平衡。相当多的大学生身上，还不同程度地存在意志的缺陷。惰性、缺乏恒心、胆怯软弱等都是其主要表现。

1. 惰性

惰性，表现为个体缺乏动力去完成任务或追求目标，是一种常见的意志缺陷。大学生在面对繁重的学业负担、乏味的日常任务或长期目标时，容易陷入惰性状态。克服惰性，首要步骤是识别和挑战那些导致惰性的不合理执念，如"我做不到"或"这不值得我努力"。设定具体、可实现的小目标，并庆祝每一个小胜利，可以逐步重建动力源。此外，制定固定的日程安排，将学习和工作任务分解为可管理的部分，有助于克服拖延，培养持续行动的习惯。通过与积极进取的同学建立伙伴关系，互相激励和监督，也是克服惰性的一个有效策略。

2. 缺乏恒心

缺乏恒心，意味着在面对挑战和困难时，个体容易放弃，无法坚持到底。在追求长期目标或面对复杂问题时，这种意志缺陷尤为明显。培养恒心，首先要设定清晰且有意义的个人目标,这些目标应该是具体的、可衡量的,并与个人价值观和梦想紧密相连。其次,建立一套有效的自我激励机制,如奖励自己的进步,即使是最小的进展,也能增强坚持下去的动力。同时,学会从失败中汲取教训,将挫折视为成长的机会,而非放弃的理由。定期回顾自己的进步和成就,保持积极的心态,也是培养恒心的关键。

3. 胆怯软弱

胆怯软弱,表现为在面对风险或不确定性时,个体过度担忧和害怕,缺乏尝试新事物或挑战自我的勇气。克服胆怯软弱,需要逐步扩大舒适区,逐渐增强自信。设定一系列渐进式的目标,从最小的风险开始,逐渐增加难度,可以逐步树立信心。参与团队活动或集体项目,与他人一起面对挑战,可以减少孤立感,增强安全感。此外,培养积极的自我对话,用鼓励和支持的话语取代消极的自我评价,也有助于增加面对困难时的勇气。通过冥想、深呼吸等放松技巧,学习管理焦虑,可以进一步增强面对不确定性的心理韧性。

克服意志缺陷是一个循序渐进的过程,需要时间和耐心。通过持续的自我反思、设定目标、积极行动和寻求支持,大学生可以逐步培养出更强的意志力,克服惰性、缺乏恒心和胆怯软弱等障碍,实现个人成长和目标达成。在这个过程中,保持乐观的心态,相信自己有能力克服困难,是走向成功的关键。

三、积极应对挫折

高校不是平静的港湾,大学生必须学会在搏击风浪中成长。学习的紧张、竞争的激烈、人际交往的矛盾、情感的迷茫、经济的困境、就业的困难,都会对大学生造成压力,使他们感受到挫折,引发心理失衡。这是大学生发展过程中最为普遍的心理问题,积极应对挫折对大学生维护心理健康意义重大。

(一) 挫折和挫折承受力

1. 挫折的定义

个人在实现目标的过程中,动机性行为会有不同的结果:第一种情况,是无须特别努力即可达到目标,需要很容易得到满足;第二种情况,是遇到了阻力,但经过努力或采取某种方法达到了目标；第三种情况，是遇到了阻力，目标不能达到，需要不能满足，因而产生种种负面情绪。心理学上把个人遇到的第三种情况称为挫折。

在实际生活中，引起心理挫折的原因是多方面的，一般可分为自然挫折、社会挫折和自我挫折三大类。

自然挫折是由自然界因素引起的挫折，如自然灾害（台风、海啸、地震、酷热、洪水、流行病等）。社会挫折是指由社会的经济、政治、法律、道德、风俗习惯等原因引起的挫折，如家境贫困、就业困难、高校环境不理想等。自我挫折是指由于个人的体力、智力条件或性格、能力、心理素质和外貌等方面的限制而引起的心理挫折。

2. 挫折承受力及影响因素

由个体主观自我调节能力决定的应对客观挫折的能力，称为挫折承受力。下列因素会影响个体的挫折承受力。

（1）思想境界

思想境界高的人，能站在长远和全局的角度考虑问题，而不会为一时一事所困而不能自拔。

（2）对挫折的主观判断

对挫折的主观判断包括对目标实现可能性即期望值的判断和对目标重要性的判断两个方面，对目标实现抱较高期望者在目标未能实现时表现出受挫，而对目标重要性评估值高者更易受挫。

（3）过去应对挫折的经验

对挫折有丰富的应对经验者能在新的挫折面前保持镇定，相反，从小受过度保护者稍遇挫折便会一蹶不振。

（4）遭受挫折的频率

若个体在相近的时间段内频遭挫折，则挫折承受力会下降，若一个阶段内比较顺利，心境不错，则对偶尔出现的挫折更易对付。

（5）对解决矛盾的可能性的预测

若今后克服阻力的可能性大，挫折感会减轻，对目前的处境会表现出较高的承受力。

（二）受挫折后的行为反应

受挫者遭受挫折后为恢复心理平衡，减轻心理紧张、维护自尊心，一定会自觉或不自觉地做出行为反应。这些反应主要有攻击和自我防御两大类。

1. 攻击

攻击行为的心理平衡机制是试图借攻击的激情状态来消除受挫折后的心理紧张。攻击又可分为直接攻击和间接攻击两种。指向造成障碍的人或物称为直接攻击。如某学生受到他人无故指责，他闻讯后可能拍案怒斥，甚至上前揪住对方的衣服不放。但直接攻击往往被自我道德感和法纪意识所克制或被他人阻止，因此，人们较多地会采用间接攻击的方式。

间接攻击又包括改变攻击形式的间接攻击和改变攻击目标的间接攻击两种。改变攻击形式是将直接的人身攻击代之以隐晦的间接攻击，如一个鄙视的目光、一句刻薄的嘲讽，或半真半假、寓意颇深的玩笑，都可能使对方感到屈辱而使自己的愤怒缓解。改变攻击目标的间接攻击俗称"迁怒"，即把一股怒气发泄在无辜者身上。例如因考试不及格而向同学发火，因挨了批评，回到寝室后将书本摔到地上。有时个体也会把攻击目标转向自己，责骂自己无能或捶打、伤害自己。

心理学研究认为，合理的、适当的负性情绪的宣泄有时是需要的，但必须注意的是，要理性地考虑自己的行为可能给他人和社会带来的后果，要用理智坚决克制自己对他人的伤害和对社会的破坏行为，以免做出愚蠢的害人害己行为。

2. 自我防御

个人遇到目标未能实现的挫折情景时，为防止内心失衡而体验负性情绪，会自觉或不自觉地采用一些心理调节机制，把负性情绪消灭于萌芽状态。在充满矛盾冲突和竞争的世界里，自我防御已经渗透于每一个人的生活之中，对维持内心平衡和正常生活发挥着重要作用。

自我防御机制的种类很多，按其对个体长远发展的影响，可以分为积极的自我防御机制和消极的自我防御机制。

（1）积极的自我防御机制

积极的自我防御机制主要有升华、幽默、仿同和补偿等。

①升华。升华作为一种积极的自我防御机制，指的是个体将内心的冲动或不被社会接受的需求转化为更有建设性的活动或追求。大学生面对学业压力、情感困扰或身份认同危机时，通过升华机制，可以将这些负面情绪转化为创造性能量或学术成就。例如，一名对体育充满激情但因学业繁忙而无法参与的学生，可能会将这份热情转移到体育新闻写作或体育赛事分析上，不仅满足了内心的渴望，还可能在相关领域取得优异成绩。升华不仅有益于个人的心理健康，还能促进个人才能的发现和培养，是将个人潜力最大化的一种有效途径。

②幽默。幽默即指一个人在遇到心理需求受阻时，用放松甚至欣赏的态度来接受或直面内心正在产生的挫折感受，从而使这种正在发生的挫折感在放松的自我直面中得以消弭。幽默的本质有二：一是敏锐地觉察、承认内心的受挫感，而不是麻木、掩饰和逃避；二是对生活有一种达观的自信，因此能以轻松甚至欣赏的态度对待来自内心的挫折感，使这种不快的感受消弭于无形之中。当然，幽默不是一种短期可学的技巧，而是一种心灵素质、一种人生智慧。

③仿同。仿同是一种通过模仿他人的行为、态度或成就来提升自我价值感和自我效能感的积极防御机制。在高校环境中，新生往往会经历身份重塑的过程，通过观察和模仿那些在学术、社交或领导力方面表现出色的学长学姐，可以加速个人成长，增强自信心。仿同机制鼓励大学生寻找正面的榜样，学习其成功的策略和应对挑战的方法，从而在相似的情境下应用这些经验，提升自我效能感。然而，仿同也需适度，避免盲目模仿而丧失个人特色，重要的是找到适合自己的道路，实现个人与榜样的有益结合。

④补偿。补偿指的是个体通过在其他领域取得成功来弥补在某个领域感受到的不足或失败。对于大学生而言，他们如果在学术上遇到挫折，可能会转向参与社团活动、志愿服务或创业项目，通过这些领域的成就来平衡自我价值感。补偿机制鼓励个人发掘自己的多元潜能，促进全面发展。例如，一位在数学方面感到挫败的学生，可能会发现自己在艺术创作上有天赋，通过绘画或音乐表达自我，不仅能够提升个人的幸福感，还能在非学术领域找到成就感。补偿的关键在于找

到真正的兴趣所在，将个人的弱点转化为推动自我成长的动力源泉。

（2）消极的自我防御机制

消极的自我防御机制有文饰、潜抑、投射、反向等。

①文饰。文饰又称理由化，是一般人运用最多的一种自我防御机制。个体遭受挫折，无法达到目标或行为表现不符合社会常规时，往往会寻找或杜撰一些对己有利的理由来进行解释，以减轻或避免挫折带来的苦恼、失望与焦虑等情绪的困扰，维护个人的自尊。其中"酸葡萄心理"与"甜柠檬心理"是最典型、最常见的两种文饰机制。"酸葡萄心理"是指一个人无法达到自己追求的目标时，通过贬低"目标"来达到心理平衡，减少懊丧情绪，即人们常说的"吃不到葡萄，便说葡萄是酸的"。如有的同学求爱不成，便说对方才貌平平，非己所求。"甜柠檬心理"是指所得到的结果明明不是自己所希望的，但通过肯定这一"结果"来自我安慰，认为凡是自己拥有的东西都是好的，以减轻内心的失望与痛苦。

文饰机制能暂时缓解内心冲突、保持暂时的心理平衡，但从心理成长的角度看，更多的是起消极作用的，因为文饰的"理由"往往是不真实的、自欺欺人的。如果长期过多地使用这种方式，就会使自己不能实事求是地面对现实，不能客观地总结经验教训，放弃对自我的认识与改造，以致降低积极适应环境的能力。

②潜抑。潜抑涉及个体无意识地压抑那些令人不安的记忆、想法或欲望，使其从意识层面消失。这种机制在短期内看似能帮助个体避免直接面对痛苦或冲突，但长期而言，被潜抑的情绪或记忆可能以扭曲的形式浮现，如焦虑、抑郁或身体症状，对心理健康造成潜在威胁。大学生群体在面对学业失败、人际关系矛盾或自我认同危机时，选择潜抑往往会导致问题的累积而非解决，抑制了个人的情感表达和心理成长。因此，引导学生学会健康的情感处理方式，如心理咨询、日记写作或艺术疗法，显得尤为重要。

③投射。投射是一种将个体自身的负面特质、感受或冲动归咎于他人的防御机制。在高校环境中，学生遭遇挫折或内心冲突时，可能会不自觉地将这些情绪归咎于他人，如指责室友制造的噪声影响了自己的学习效率，或是将对自身能力

的怀疑投射到对同学的嫉妒上。投射虽能在短期内减轻内心的不适，却可能破坏人际关系，阻碍自我反省和成长。更重要的是，它转移了个体对自我问题的关注，错过了自我改善的机会。因此，培养学生的自我意识，教会他们如何识别和管理自己的情绪，是克服投射倾向的关键。

④反向。反向是指个体为了掩饰自己真实但又不愿面对或承认的感受、欲望或行为，而表现出完全相反的态度或行为。在大学生中，这可能表现为一个对某人怀有敌意的人，却异常热情地对待此人，以掩盖内心的真正感受。反向机制虽然表面上看似积极，但从长远来看，导致内心的混乱和冲突，影响个体的真实性和人际关系的健康。例如，一个内心自卑的学生，为了掩盖这一情感，可能过度展现自信甚至傲慢，这不仅会误导他人对其真实性格的理解，也可能导致自我认知的扭曲。教育者应引导学生认识到并接纳自己的复杂情感，学会以健康的方式表达自我，避免反向机制带来的负面影响。

（3）对自我防御机制的评价

①自我防御机制的保护功能。自我防御机制最初由精神分析理论家提出，被视为个体在面对心理压力、冲突或威胁时，用来保护自我完整性和心理健康的一系列心理操作。这些机制在特定情境下具有重要的保护功能，帮助个体暂时缓解焦虑、避免自我价值感的崩溃以及维持心理平衡。例如，合理化使个体能够通过重构事件的意义，减少内心的冲突感；幽默则通过轻松的视角看待问题，减轻压力。大学生在面临学业压力、人际关系紧张或自我认同危机时，恰当的自我防御机制可以起到缓冲作用，可帮助他们暂时摆脱负面情绪的困扰，为寻找更合理的解决方案赢得时间。

②自我防御机制的"双刃剑"特性。自我防御机制在提供短期心理缓解方案的同时，也可能成为个体成长和问题解决的障碍。过度依赖某些防御机制，如否认、投射或退行，可能会导致个体逃避现实，忽视问题的存在，从而错失自我反省和成长的机会。例如，一个大学生在面对学业失败时，如果选择否认自己的不足，可能会错失改进学习策略的机会，长此以往，不仅学业成绩难以提升，还可能损害自我效能感。因此，运用自我防御机制需谨慎，应避免其成为个体自我欺骗的工具；应将其视为一种临时的应对策略，旨在帮助个体最终正视并解决问题。

③培养健康的自我防御机制。鉴于自我防御机制的复杂性和潜在影响，培养健康的自我防御机制对于促进个体的心理健康和成长至关重要。健康的自我防御机制不仅能够帮助个体有效应对生活中的挑战，还能促进个人的自我发展和人际关系的和谐。具体内容如下。

自我意识的提升：通过自我反思和心理咨询，增强对自我情绪和行为模式的认识，识别不健康的防御机制，理解其背后的动机和影响。

情绪调节能力的培养：学习健康的情绪调节技巧，如正念冥想、深呼吸、情绪日记等，帮助个体在面对压力时保持冷静，减少过度反应。

积极应对策略的建立：鼓励个体发展积极的应对策略，如目标设定、问题解决、时间管理等，促进问题的直接解决，而非逃避。

社会支持网络的构建：建立稳定的社会支持网络，包括朋友、家人和专业咨询师，获得情感支持和实用建议，帮助自己在困难时期找到依靠。

通过上述措施，个体可以逐步建立起更加成熟和健康的自我防御机制，既能有效应对生活中的挑战，又能促进个人的成长和增进幸福感。在这一过程中，教育者、家庭和社会都扮演着关键角色，共同为大学生提供一个支持性的环境，促进其心理韧性的培养和心理健康的维护。

（三）提高对挫折的适应能力

心理卫生的最终目的，就是提高人的适应能力，这既是承受挫折、预防心理疾病的基础，又是促进身心健康、人格健全的必要保证。要提高人的适应能力，应该注意如下几个方面。

1. 主动接受生活锻炼

为了提高适应挫折、适应社会的能力，就需要自觉、主动地将自己放到一个充满矛盾、错综复杂的环境中去锻炼。持这种态度的人，往往不把挫折看作人生的厄运、前进的阻碍，而把它看作生活的挑战、成长的机会，面临挫折和失败时不逃避，不惧怕，不灰心丧气，不悲观失望，而是积极主动地适应，勇敢顽强地拼搏。

大学生提高适应能力的途径、方式很多，不仅可以从书本上学，向他人学，更可以通过亲身的生活实践，向生活本身学，向挫折和困难学。丰富的生活内容和独特的生活环境给大学生提供了很多学习、锻炼的机会，他们独立地解决生活、学习、人际关系、恋爱等方面的问题时，就是提高适应能力的时候。一个经过生活磨炼、挫折锤打的人，在以后的生活道路上遇到挫折和失败时，就能够达到一种"曾经沧海"的境界，顺利地闯过去。

2. 掌握自我调节的方法

自我调节能力可以帮助个体在面对压力和挑战时，能够有效地管理自己的情绪和行为，维持心理平衡。以下是三种有效的自我调节方法，它们能够帮助大学生提高自我控制力，增强心理韧性。

（1）暗示调节

暗示调节是通过语言或非语言的信号，对个体的心理状态产生影响，从而达到调节情绪和行为的目的。在自我调节中，积极的自我暗示尤为重要。通过反复对自己说"我可以处理这个问题""我有足够的能力应对挑战"，个体可以增强自信心，减少焦虑和紧张感。此外，通过视觉化目标，即在心中描绘成功的画面，也能够激发内在动力，促进积极行为的产生。暗示调节的关键在于，选择正面、具体的词汇，避免使用否定性的表述，如"我不会失败"应替换为"我会成功"。

（2）放松调节

放松调节是指通过特定的技术或练习，帮助个体达到身心放松的状态，从而减轻压力和紧张感。深呼吸、渐进性肌肉松弛法、正念冥想等是常用的放松技术。其中，深呼吸通过调整呼吸频率和深度，促进副交感神经系统的激活，有助于降低心率和血压，减轻身体的紧张感。渐进性肌肉松弛法则通过有意识使各个肌肉群紧张和放松，帮助个体识别和释放身体中的紧张感。正念冥想则是通过专注于当下的呼吸、感受或环境，培养对当前体验的非评判性觉察，有助于提升情绪调节能力，减少心理困扰。

（3）想象调节

想象调节是通过在脑海中构建积极的场景或经历，来调节情绪和行为。这种方法特别适用于处理焦虑和恐惧情绪。例如，当面临公开演讲的恐惧时，可以通过想象自己在演讲中表现自如、听众反响热烈的画面，来增强自信心，减少紧张感。想象调节还可以用于设定和追求目标，通过在心中描绘达成目标后的景象，激发内在动力，促进目标的实现。为了提高想象调节的效果，建议在想象时尽量使用感官细节，如视觉、听觉、嗅觉等，使想象的场景更加生动和真实，从而产生更强烈的情绪共鸣。

3. 积极寻求社会支持

提高挫折适应力，还应建立和谐的人际关系，营造自己的情感社会支持系统。

当处于受挫后的不良心理状态时，如果有几个知心好友给予安慰、关心、支持、鼓励和信任，将会有效地缓解心理压力和降低情绪反应，增强挫折承受力，进而最终战胜挫折。

大学生在遇到挫折时，不要把自己封闭起来，而应尽快找自己的好友或家人进行沟通，寻求他们的支持和帮助。当受挫后陷入极端恶劣的情绪中不能自拔，而亲朋好友也无能为力时，应及时寻求心理咨询的帮助，因为心理咨询专业工作者有丰富的专业知识和技巧为受挫者提供心理帮助。

4. 培养进取性品质

进取性品质是个人成长和发展的重要驱动力，它包括自信、乐观以及自强不息的精神。这些品质不仅能够帮助个体克服困难，追求卓越，还能够促进社会的进步与繁荣。以下是针对大学生的三个关键策略，旨在培养和强化进取性品质。

（1）培养自信

自信是个体相信自己有能力达成目标的一种信念。对于大学生而言，自信是学习和社交活动中取得成功的基础。培养自信的关键在于积累经验与正向反馈。首先，设定可实现的短期目标，并通过不断努力达成，这一过程中的成功体验会逐渐增强自我效能感。其次，正视并接受失败，将其视为学习和成长的机会，而非自我价值的否定。此外，通过参与团队项目或社团活动，大学生可以在合作中发现自身的优势和潜力，进一步坚定自信心。重要的是，培养批判性思维，学会客观评价自己和他人的观点，避免过度依赖他人意见，形成独立自主的判断力。

(2) 学会乐观

乐观是一种积极的心态，它认为好事将会发生，即使面对逆境也能看到希望。这种心态能够帮助个体在挫折面前保持坚韧，寻找解决问题的途径。培养乐观主义，首先要改变对负面事件的解释方式，学会从困境中寻找成长的机会，而非仅仅关注损失和失败。其次，建立感恩的习惯，每天记录至少三件值得感激的事情，这有助于将注意力集中在生活中的积极方面。最后，培养积极的社会关系，与乐观向上的人交往，他们的态度和行为模式会对个体产生潜移默化的影响，促进乐观心态的形成。

(3) 自强不息

自强不息是一种持续不断地追求自我提升和发展的精神。它要求个体在任何情况下都不放弃自我完善的努力，即使面临重重困难，也要坚持不懈。培养自强不息的精神，需要树立终身学习的理念，认识到知识和技能的获取是一个永无止境的过程。定期设定学习目标，无论是专业技能还是兴趣爱好，都能促使个体不断探索新知，拓宽视野。同时，积极参与志愿服务和社会实践，通过实际行动回馈社会，不仅能提升个人的社会责任感，还能在实践中检验和提升自己的能力。最重要的是，培养坚韧不拔的意志力，面对挑战时，始终保持积极的态度，相信自己能够克服困难，实现目标。

第三节　大学生高尚道德的培育

一、道德的概述

(一) 高悬的道德明镜

1. 道德的含义

道德如同一面高悬的明镜，映照出人性的光辉与阴暗，指引着人们在复杂的社会环境中做出正确的选择。以下是道德的三个核心属性，它们共同构成了一套完整的道德体系，对个人和社会产生深远的影响。

（1）道德的规范性

道德的规范性体现在它为个体和社会提供了一套行为准则，明确了什么是可以接受的行为，什么是应当避免的行为。这些规范通常源于社会共同的价值观和信仰，反映了人们对于善恶、正义与公平的基本认知。道德规范不仅约束着个体的日常行为，还渗透到了法律制度、教育体系以及各种社会组织之中，成为维系社会秩序和促进社会和谐的重要力量。例如，诚实守信、尊重他人、公平竞争等道德规范，不仅在个人层面上培养了良好的品德，也在社会层面上建立了信任与合作的基础。

（2）道德的渗透性

道德的渗透性意味着道德规范和价值观深深地根植于社会生活的各个方面，影响着人们的思想、情感和行为。它不仅体现在显性的法律法规和规章制度中，更隐含在社会习俗、文化传统和人际交往之中。道德的渗透性使得道德规范成了一种无形的力量，潜移默化地塑造着个体和社会的道德风貌。在日常生活中，人们通过言语、行为以及对他人态度的反应，不断地传递和强化着社会的道德标准，从而形成了一个道德氛围浓厚的社会环境，促进了社会成员之间的相互尊重和理解。

（3）道德的自律性

道德的自律性强调了道德行为的内在驱动，即个体基于内心的道德信念和良知，自发地遵守道德规范，而非单纯出于外在的强制或奖励。这种自律性来源于个体对道德价值的深刻认识和认同，是一种高度自觉和自愿的道德实践。在面对道德困境时，拥有道德自律性的个体能够独立判断，做出符合道德原则的选择，即使在无人监督的情况下，也能够坚守道德底线。道德的自律性是道德成熟的标志，它要求个体不仅知道什么是正确的，更重要的是能够在实际行动中践行正确的道德原则，体现了道德行为的真诚性和纯粹性。

2. 道德评价的含义

所谓道德评价，是人们依据一定的道德标准，对他人或自己的行为进行善恶判断，表明褒贬态度的活动。道德评价主要有三种形式，即社会舆论、传统习惯和内心信念。

社会舆论就是众人的议论，通常指群众言论，它反映了社会公众或肯定、赞扬，或否定、贬斥的态度。形成社会舆论的手段主要有报刊、广播、电视、电影、文艺演出等宣传工具，也包括人们的日常评价和议论。社会舆论有正确与错误、先进与落后之分。错误的舆论不利于人们实施正确的道德行为，因此，加强社会正确的舆论导向对于道德建设具有十分重要的作用。

传统习惯是指人类在社会生活中逐渐形成的、习以为常的行为倾向和社会风俗。传统习惯在道德评价中具有很大的影响力，它用"合俗"和"不合俗"来判断人们的行为善恶，使人的行为纳入一定的社会生活轨道。传统习惯也具有积极与消极两方面的作用。那些墨守成规、阻碍进步的传统陋习应该被剔除和摒弃，这是精神文明建设的重要内容之一。

内心信念是人们发自内心的对某种道德义务的认同和强烈的责任感。这种内在信念是社会道德规范在个体社会化过程中内化的结果。它与人们的世界观、道德认识和道德情感等联系在一起，通过人们的良心来发挥作用，表现出一个人道德水准的高低。

我们应该了解，道德在本质上是道德的规范性、约束性和道德的主体性、自觉性的统一。一方面，社会道德对个体的言行予以必要的规范和约束，要求其人生活动在道德律的基础上展开。另一方面，道德又表现为主体在人生活动中的道德能动性，即主体在道德上的自我完善和自我约束。对于一个具有自觉的道德意识的人来说，道德不只是外在的规范，而是主体对道德的认同和内化。个体在品德养成过程中，重要的是将道德准则转化为道德良心，将他律转化为自律，从而实现人在道德生活中必然与自由的统一。也就是说，社会舆论、传统习惯是影响和调整人的道德行为的外在力量，内心信念是道德评价中的内在力量，前者最终需要通过后者才能真正发挥道德评价的作用。这就是在同样的社会舆论和传统习俗环境里，人们有不同道德表现的原因所在，由此也可以看出培养人的道德信念具有特别重要的意义。

3. 良心的作用

我们通常所说的良心，实际上就是主体道德信念的具体表现，是人们对道德义务的自觉意识，以及由此产生的道德责任感和自我评价的内心活动。所以，良心是道德的"内在之镜"，对自我的意识和行为起明鉴是非的作用。

具体来说，良心的能动作用有以下三种形式。

①在行为前，良心对行为的动机和结果起审查和下达指令的作用。良心依据道德原则和道德义务的要求，对行为动机进行自我检查，并通过假设判断和可能判断的逻辑形式，对行为的后果进行预测、思考和权衡，并通过想象在内心产生一定的情感和情绪体验，进而对行为的选择发生影响。

②在行为进行中，良心对行为起调整和监督作用。当行为符合道德要求时，良心使情感愉悦从而使行为获得激励和强化。对不符合道德要求的欲念、冲动和行为，良心通过强化消极的情感体验，如恐惧、不安、内疚等，使行为中止和改变。这就是人们常说的"良心的发现"。

③在行为之后，良心对行为的后果和影响有评价和反省的作用。人们意识到自己的行为后果有利于社会和他人、符合道德准则时，便会产生欣慰和满足的愉悦感，对该行为产生正强化，有益于今后道德行为的保持和延续。反之，对于违反道德义务的行为后果，良心便会进行自我谴责，产生惭愧、内疚、悔恨的情感，以致陷入极度的痛苦之中。这种良心的悔过能形成一种力量，促使自己改变和纠正不良的意识和行为，从而达到道德的自新。

（二）道德使生命崇高

抵御社会上的消极影响，保持道德纯真，是社会对大学生的希望和要求，也是大学生自身发展和获得人生幸福的前提条件。

1. 保持道德的纯真是知识分子群体的传统特征

古今中外，知识分子群体一直是社会道德进步的重要力量。今天西方的一些学者称知识分子为"社会的良心"，认为他们是人类基本价值（如理性、自由、公正等）的维护者。中国文化传统中，对"四民"之首的"士"也有特殊的道德要求，就是如曾子所说的："士不可以不弘毅，任重而道远。仁以为己任，不亦重乎？死而后已，不亦远乎？"中国的知识分子向来具有"以天下名教是非为己任"的传统，特别是当社会处于变革和转折的时期，更应具有"先天下之忧而忧，后天下之乐而乐"的风范。21世纪的大学生应该学习和发扬中国知识分子优秀的道德传统，超越个人天地，做一个既掌握现代科技文化，又肩担社会道义的新青年。

2. 保持道德的纯真是大学生主体能动性的必然要求

人的道德水平固然是一定社会现实关系的产物，但作为主体的人，特别是接受现代文明教育的大学生，完全有可能通过有意识的自我完善达到较高的道德水准。事实上，现实社会中这样的先进分子不乏其人。从他们身上我们能够感受到助人为乐、见义勇为、善良友爱、公而忘私等人类崇高的精神力量。现实的社会当然不是一个纯洁无邪的道德世界，但人的可贵之处正在于自觉、能动地弃恶扬善，拥有一份"出淤泥而不染"的纯真品格。

3. 保持道德的纯真是提高人的社会价值的重要保证

人的社会价值是指个体对社会或人类文化进步的贡献，是我们通常所说的个体"生命质量"的重要方面。古人云，"人固有一死，或重于泰山，或轻于鸿毛"，就是说不同的人其生命的社会价值是大不一样的。那么，人的社会价值是由什么来决定的呢？人的知识、能力固然对其有重要影响，但人的道德品质的影响也是十分重要的，因为一个人工作的动机、目标、心态、采取的方式以及社会给予的机会、评价等，与他的道德品质密切相关。比如，对于一个品德不良者来说，他将因内心的骚乱、躁动而使才能发挥受到极大限制；他所采取的方式将会不顾及他人和社会的利益；他在某些方面的工作成果所获得的社会、历史评价，也会因人们的憎恶而大打折扣。综观古今中外所有为后世怀念的先人，无不具有值得称道的德行。相反，有些人即使不乏才能或有所建树，也会因为品行不端而被不齿于人。如南宋的秦桧在书法上是有造诣的，却因为其恶劣的人品而不能传世。大学生学习和掌握科技文化知识，对提高人的社会价值意义重大。但是，知识的多少并不等于道德的高低，要使自己的知识成为促进社会文明和自我进步的力量，必须还要有一定的德行操守作保证。正是看到了这一点，爱因斯坦曾表示，单靠知识和技巧并不能使人类走向幸福和高尚的生活，人类有充分的理由把那些崇高的道德标准和道德价值的发现者置于客观真理的发现者之上。所以，在人生的自我完善过程中，学习知识是求真，素质品德是至善。人们努力于真和善的统一，才能创造生命价值，达到人生的完美。

二、道德品质

(一) 道德品质的含义

道德品质简称品德，通常也称道德素质、人品、德性。它是一定社会的道德原则和规范在个人身上的体现和凝结，是个体在一系列道德行为中表现出来的比较稳定的人格特征或倾向。一个人的尊贵与卑劣、高尚与低下，通过日常行为的道德品质表现得到反映。

1. 道德品质的特点

(1) 道德品质和道德行为是密切联系的

一方面，一个人的道德行为经常不断地发生，形成一定的道德习惯，就内化为他的道德品质。另一方面，一定的道德品质必定通过道德行为表现出来。因此，道德品质绝不仅仅是内在的心理特质，而是道德意识和道德行为的统一，离开一定的道德行为就不能构成道德品质。

(2) 道德品质表现为个人意志的自律

它不是在无意识中形成的一般生活习惯，也不是个人的兴趣、感情任意发展的结果，而是个人在行动的第一时间，凭借正确的判断和选择，自觉地用意志调控自我、正确待人处事的能力，这是道德品质不同于一般习惯和习性的一个突出特点。

(3) 道德品质是在人的道德行为整体中表现出来的稳定特征和倾向

所谓"道德行为整体"，包含两方面的含义：一方面是指构成个别道德行为的主观、客观诸方面的统一；另一方面，是指一个人的一系列道德行为的统一，即某一实践活动领域的各种行为，某一活动时期的各种行为，乃至一生的全部道德行为的总和。因此，一个人的道德品质不仅是他的内部意志和外部行动的统一，而且也是他的个别行为和整体行为的统一。

2. 道德品质的构成要素

道德品质，作为个体在道德领域所展现出来的综合素养，是个人内在道德观念与外在道德行为的统一。它不仅反映了个体的道德认知水平，还体现了个体的情感态度、意志品质和行为习惯。以下是构成道德品质的五大要素，它们相互作用，共同塑造了个体的道德风貌。

（1）道德认识

道德认识是个体对道德原则、规范和价值的理性理解与把握。它包括对道德概念的定义、对道德规范的理解、对道德行为后果的预测以及对道德原则适用性的判断。道德认识是道德行为的先导，没有正确的道德认识，个体就难以做出符合道德规范的决策。通过教育和自我反思，个体可以深化对道德的认识，形成稳定的道德观念，为道德行为的实施奠定认知基础。

（2）道德情感

道德情感是个体在道德认知基础上产生的对道德行为的内在倾向和情感体验。它包括对善恶的直觉反应、对正义的渴望、对责任的承担感以及对他人福祉的同情心。道德情感是道德行为的内在动力，它能够激发个体的道德热情，促使个体在面对道德抉择时，基于情感的驱动做出正确的选择。培养健康的道德情感，需要个体在日常生活中积累正面的情感体验，通过阅读、观影、参与公益活动等方式，增强对道德价值的感悟和共鸣。

（3）道德意志

道德意志是个体在面对道德困境时，坚持道德信念，克服诱惑，执行道德决定的能力。它体现了个体的自制力和决心，是道德行为的坚强后盾。在道德实践中，个体常常需要在短期利益与长远价值之间做出选择，这时道德意志就显得尤为重要。通过设定道德目标、制订行动计划以及自我监控，个体可以锻炼和强化道德意志，使其在关键时刻发挥作用。

（4）道德信念

道德信念是个体对道德原则和规范的坚定信仰，它是道德认识、道德情感和道德意志的结晶。道德信念一旦形成，就成为个体道德行为的指南针，即使在外界环境变化或压力增大时，也能保持道德行为的一致性和稳定性。道德信念的形成是一个长期的过程，需要个体在道德实践中不断验证和深化，最终内化为个人的价值观和生活方式。

（5）道德行为

道德行为是个体在道德认识、道德情感、道德意志和道德信念的共同作用下，所展现出的具体道德实践。它是道德品质的最终体现，也是衡量个体道德水平的重要标准。道德行为不仅包括遵守社会公认的道德规范，还涉及在日常生活中对他人和社会负责任的态度和行动。通过持续的道德行为实践，个体可以巩固和提升自身的道德品质，促进个人与社会的和谐发展。

（二）努力培养优良品德

继承中华民族的传统美德，弘扬新时代的道德规范是对大学生道德素质的总体要求，这一要求的具体化，主要表现为以下六个方面。

1. 孝敬父母

孝敬父母是中华民族的传统美德，它体现了对父母养育之恩的感谢与回报。孝敬不仅限于物质上的供养，更在于精神上的陪伴与理解。在现代社会，孝敬父母意味着尊重他们的意愿，关心他们的健康，倾听他们的想法，以及在他们年老时给予必要的照顾。培养孝敬之心，需要从小事做起，比如经常与父母沟通，分享自己的生活，参与家务劳动，以及在重大决策时考虑到父母的意见。孝敬父母不仅是道德义务，也是个人情感的自然流露，它能够加深家庭成员之间的情感联系，营造温馨和谐的家庭氛围。

2. 尊敬师长

尊敬师长是对知识与智慧的尊重，它体现了对教育者的敬仰与感激。在学习过程中，师长不仅是知识的传授者，更是人生道路的引路人。尊敬师长意味着在课堂上认真听讲，尊重老师的教学安排，对老师提出的问题给予深思熟虑的回答，以及在课外主动与老师交流，寻求指导和建议。更重要的是，尊敬师长还体现在传承师长的教诲，将学到的知识与智慧应用于实践，为社会作出贡献。尊敬师长不仅能够促进师生关系的和谐，还能够激发学生的学习热情，培养良好的学习态度。

3. 立志勤学

立志勤学是个体在学习和工作中追求卓越的态度与行动。立志意味着确立远大的目标，勤学则是实现目标的路径。在学习过程中，立志勤学表现为对知识的渴望，对真理的追求，以及面对困难时的不屈不挠。立志勤学需要制订明确的学习计划，保持持之以恒的学习态度，以及在遇到挫折时具有不轻易放弃的精神。更重要的是，立志勤学还意味着将学习成果转化为实践能力，为社会创造价值。立志勤学不仅能够促进个人的全面发展，还能够为社会的进步贡献智慧和力量。

4. 团结和睦

团结和睦是在集体中建立和谐关系，共同追求目标的能力。在团队合作中，团结和睦意味着尊重他人的意见，倾听他人的声音，以及在分歧中寻求共识。团结和睦需要培养良好的沟通技巧，包括表达自己的观点、理解他人的立场，以及在冲突中保持冷静和理智。更重要的是，团结和睦还体现在共同面对困难，共享成功喜悦，以及在团队中营造积极向上的氛围。团结和睦不仅能够促进团队的凝聚力，还能够提升团队的整体效能，实现共赢的局面。

5. 谦虚礼让

谦虚礼让是个体在社会交往中展现的谦逊态度与礼貌行为。谦虚意味着对他人成就的赞赏、对自身不足的认识，以及在学习和工作中保持开放和学习的心态。礼让则体现在公共场合的文明举止、对他人的尊重，以及在资源分配中的公平与慷慨。谦虚礼让需要培养良好的社交礼仪，包括使用礼貌用语、遵守公共秩序，以及在与人交往中展现出真诚和友善。更重要的是，谦虚礼让还意味着在社会中树立正确的价值观、倡导公平正义，以及在个人成功时不忘回馈社会。谦虚礼让不仅能够提高个人的社交能力，还能够营造和谐融洽的社会环境。

大学生应正确评价自己，尊重他人，平等交往，这是维护同学间友好、和谐关系的必要条件，也是一个人的精神面貌和文化素养的突出标志。

6. 律己宽人

林则徐有个座右铭："海纳百川，有容乃大；壁立千仞，无欲则刚。"这寓含着宽以待人的深刻哲理。在现实生活中，人与人之间发生矛盾冲突是常见的，被人误会、嫉妒的情况也时有发生。因此律己宽人的品质就显得很重要。如果每个人都能以责人之心责己，以恕己之心恕人，那么就能化解矛盾。律己宽人能使人格优化，品德升华，使人们心情舒畅，推进事业兴旺发达。

　　大学生要善于自我评价，定期检查自己的言行，知道自己的缺点和不足，找出原因和改正方法；要树立"成人之美"的友爱思想，遇事设身处地为他人着想，摒弃猜疑、嫉妒和偏见，与他人发生矛盾时，要严格解剖自己，反躬自省；要心胸宽阔，当被人嫉妒、遭人诽谤时，要做到"临之而不惊，无故加之而不怒"。

第三章 大学生思想道德素质的提升策略

第一节 传统文化与大学生思想道德素质提升

一、传统文化与大学生诚信教育

(一) 大学生诚信教育的相关概念与特征

1. 大学生诚信教育的相关概念

(1) 诚信

诚信是一种基于真实、可靠和负责任的行为准则，代表了个人在道德和社会行为中的核心价值观。诚信包括诚实和守信两个方面：诚实是指个人在言语和行为上真实无欺，坦诚对待他人和自己；守信则是指个人在承诺和责任上言而有信，履行自己对他人和社会的义务。在大学生的日常生活和学习中，诚信表现为不作弊、不抄袭、真实地表达个人观点，信守诺言，遵守学校和社会的规则和法律。诚信不仅是个人道德品质的体现，更是社会信任和合作的基础。它帮助大学生建立良好的社会关系，树立可信赖的个人形象，对其未来的发展和成功具有重要意义。

(2) 诚信教育

诚信教育是通过系统的教育活动，培养和增强大学生的诚信意识和行为习惯的过程。诚信教育的目标是使学生理解诚信的重要性，树立正确的价值观和道德观，养成诚实守信的良好品德。具体来说，诚信教育包括课堂教学、主题活动、榜样示范和制度建设等多种形式。在课堂教学中，教师通过讲解诚信的理论和实际案例，帮助学生认识到诚信的价值和意义；主题活动如诚信考试、诚信签名等，让学生在实践中体验和践行诚信；通过树立和宣传诚信榜样，激励学生向榜样学习；学校还需建立健全诚信管理制度，严格执行学术诚信规范，对违反诚信的行为进行教育和惩处。通过多层次、多形式的教育活动，诚信教育能够有效提升大学生的诚信素养，促使他们在学习和生活中自觉践行诚信原则。

（3）大学生诚信教育

在不同的时代背景下，大学生诚信教育内涵的侧重点也有所不同。时代新人视域下大学生诚信教育的主要内涵：一是衷心拥护中国共产党的领导的教育，二是勇于担当中华民族伟大复兴重任的教育，三是忠诚践行新时代爱国主义的教育，四是诚实参与高校立德树人根本任务的教育。

①衷心拥护中国共产党的领导的教育。该教育旨在帮助学生理解和认同党的历史、理论和政策，培养他们对党的忠诚和信任。通过课堂教学、专题讲座和党史学习，学生可以深入了解党的奋斗历程和领导地位。这种教育不仅要求学生在思想上与党保持一致，更强调在实际行动中践行党的宗旨，如参加志愿服务、社区活动等，积极履行公民义务。通过多样化的教育形式，大学生能够更深刻地认识到党的领导对国家发展和社会进步的重要性，从而在日常生活和学习中自觉维护和拥护党的领导。此外，学校应组织学生参观红色教育基地、聆听革命前辈讲述历史故事，让学生在实践中感受党的伟大和奉献精神，进一步增强他们的政治觉悟和社会责任感。通过这样的教育，学生不仅能够在理论上理解党的领导的重要性，更能够在实际行动中体现出对党的真诚拥护和坚定支持。

②勇于担当中华民族伟大复兴重任的教育。通过这一教育，学生不仅要了解国家的发展历程和战略目标，更要意识到自己在实现这一宏伟目标中的角色和责任。学校通过多种途径，如爱国主义教育、社会实践和创新创业活动等，帮助学生建立起强烈的历史使命感和社会责任感。例如，组织学生参与扶贫项目、环保行动、社区服务等活动，让他们在实际行动中体会到个人奋斗对社会进步的意义。这种教育强调实践与理论相结合，使学生不仅在课堂上学到知识，更在社会实践中锻炼能力、增长才干。学校可以开展创业大赛、科技创新比赛等活动，鼓励学生通过创新和实践为社会和国家的发展贡献智慧和力量。通过这些教育活动，学生能够更加清晰地认识到自身肩负的历史使命，激发自己为中华民族的伟

大复兴而努力奋斗的热情和动力。这样的教育培养出了一批有理想、有担当的新时代青年，他们在实现个人价值的同时，也为国家的繁荣昌盛贡献着自己的力量。

2. 大学生诚信教育的特征

（1）政治性

大学生诚信教育的政治性特征体现在其与国家意识形态和社会价值观的高度契合上。在社会转型期，诚信不仅是个人品质的表现，更是社会稳定和发展的基石。高校作为培养社会主义建设者和接班人的重要阵地，承担着引导青年学子树立正确世界观、人生观、价值观的责任。因此，诚信教育被纳入思想政治教育体系，成为塑造合格公民、强化国家认同感和集体荣誉感的关键环节。教育内容涵盖法律法规、党纪国法、社会主义核心价值观等方面，旨在培育具有高度政治觉悟和道德自律性的新时代青年。

（2）时代性

随着全球化、信息化时代的到来，诚信教育面临着前所未有的挑战与机遇。网络空间的虚拟性和匿名性使得诚信问题更加复杂，如学术不端、网络欺诈等现象时有发生。大学生诚信教育必须紧跟时代步伐，将互联网伦理、知识产权保护、数据安全意识等内容融入教学，提升学生的网络素养和法治观念。同时，关注国际视野下的诚信标准和文化差异，培养具有全球竞争力的高素质人才，使他们在跨文化交流与合作中展现出良好的道德风貌和专业素养。

（3）实践性

诚信教育的实践性特征强调理论与实践相结合，注重培养大学生的实际操作能力和道德行为习惯。高校通过开展志愿服务、社会实践、企业实习等多种形式的活动，让学生在真实的社会环境中体验诚信的重要性，学会在复杂情境下做出正确的道德判断和选择。例如，参与公益活动可以增强社会责任感和团队协作精神；企业实习则有助于理解职场规则和职业道德规范。这种基于实践的学习方式能够有效促进诚信理念内化于心、外化于行，使学生成长为具备高尚情操和实际工作能力的复合型人才。

（4）创新性

面对不断变化的社会需求和教育环境，大学生诚信教育需要不断创新方法和手段，以适应新时代的要求。一方面，教育者应当运用现代信息技术，如大数据分析、人工智能等，精准把握学生的思想动态和行为倾向，实施个性化、智能化的教育干预。另一方面，鼓励学生发挥主观能动性，通过案例研讨、角色扮演、模拟法庭等互动式教学模式，激发其探索诚信内涵、解决道德困境的兴趣和能力。此外，建立和完善诚信评价体系，将诚信表现纳入学分制管理，形成正向激励机制，促使学生自觉遵守诚信原则，形成良好校风学风，构建健康和谐的校园文化生态体系。

（二）传统文化融入大学生诚信教育的路径

1. 恪守内诚外信的本体精神

传统文化中的"内诚外信"理念，即内心真诚、言行一致，是诚信教育的核心价值所在。这一理念要求个体在内心深处秉持诚实、正直的态度，对外则表现为言必信、行必果的行为准则。大学生诚信教育应深入挖掘儒家经典中的诚信思想，如《论语》中的"人而无信，不知其可也"，以及庄子提出的"君子之交淡如水，小人之交甘若醴"。通过经典研读、专家讲座等形式，引导学生领悟古人智慧，将"内诚外信"的精神内化为自身道德追求。同时，结合现代社会背景，探讨诚信在个人发展、人际交往、职业规划等领域的具体应用，帮助学生构建全面的诚信观，使其在复杂多变的社会环境中坚守道德底线，实现个人与社会的和谐共生。

2. 遵循动态履行的实践品格

诚信教育不应仅停留于理论层面，更需注重实践转化，体现为一种动态履行的过程。传统文化中倡导的"知行合一"理念，主张理论学习与实际行动相结合，强调通过持续的道德实践来巩固和深化诚信意识。高校应设计一系列实践活动，如诚信主题的校园文化节、诚信承诺签名活动、诚信事迹分享会等，让学生在参与过程中体验诚信带来的正面影响，培养良好的道德习惯。此外，通过案例分析、情景模拟等方式，引导学生思考诚信在不同情境下的具体表现，提高其解决道德冲突的能力，从而在日常生活中自觉践行诚信原则，展现优秀的人格魅力。

3. 自觉以德性为本修身

"德性为本"是中国传统文化中"修身齐家治国平天下"的根本出发点，强调个人道德修养是立身之本。在诚信教育中，应引导大学生认识到诚信不仅是外在行为的规范，更是内在德性的体现。借鉴古代圣贤的修身之道，如孔子提倡的"修己以敬""修己以安人"，培养学生自我反省、自我完善的意识。开设修身课程，融入传统礼仪、孝道、忠信等内容，使学生在学习中感悟中华优秀传统文化的深厚底蕴，激发其对美德的向往和追求。同时，鼓励学生积极参与社会公益事业，通过奉献爱心、服务他人来涵养品德，实现个人成长与社会进步的有机统一。在这一过程中，诚信不仅作为一种道德要求被学生所接受，更成为他们主动追求的崇高目标，为构建诚信社会贡献力量。

二、传统文化与大学生感恩教育

（一）大学生感恩教育概述

1. 大学生感恩教育的相关概念

对大学生感恩教育的研究，应该先从相关概念入手，了解感恩教育的基本内涵，为后续研究奠定坚实的基础。

（1）感恩

感恩，作为一种深刻的情感体验和积极的生活态度，指的是个体对他人或社会所给予的帮助、关爱、机会等表示由衷的感谢和回报的愿望。它超越了简单的礼貌性感谢，蕴含着对生命中美好事物的深刻认识和珍惜。感恩不仅能够促进个体的心理健康，增强幸福感，还能够促进社会的和谐与进步，因为它鼓励人们相互尊重、理解和帮助，形成正向的互助循环。在心理学研究中，感恩被证实能够提升个体的自我价值感，减少负面情绪，增强社会联系，是构建积极人际关系和社会资本的重要因素。

(2) 感恩教育

感恩教育，是指通过系统化、有目的的教学活动，引导个体认识、体验和实践感恩，旨在培养个体的感恩意识和感恩行为，促进其社会情感和道德发展。它强调通过故事讲述、角色扮演、社会实践等多种教学方法，使学生在真实的或模拟的情境中体验感恩的情感，理解感恩的意义，进而将其内化为个人的价值观和行为准则。感恩教育不仅关注学生的情感发展，还注重其社会技能的培养，如共情、沟通、合作等，旨在培养学生成为有责任感、有爱心、有担当的社会公民。

(3) 大学生感恩教育

大学生感恩教育是感恩教育在高等教育阶段的具体实施，它基于大学生的年龄特点和心理发展阶段，旨在通过丰富多样的教育活动，引导大学生形成正确的感恩观念，培养其感恩实践能力。大学生正处于自我探索和价值观形成的关键时期，感恩教育能够帮助他们更好地理解个人与他人、个人与社会的关系，学会感恩父母、老师、朋友以及社会提供的各种资源和支持。高校可通过开设感恩教育课程、举办感恩主题活动、鼓励学生参与志愿服务等方式，推动大学生的感恩教育。此外，通过建立感恩日记、感恩墙等创意平台，鼓励学生表达感激之情，不仅能够增强其自我反思能力，还能够促进校园文化的建设和学生之间的正面互动，营造积极向上的学习和生活环境。

2. 大学生感恩教育的特点

在新时代背景下，随着高等教育的普及以及市场对人才需求的增加，大学生毕业人数逐年增多，大学生已然成为社会建设的主要力量。因此，大学生的整体素质不仅关乎自身的发展，更关乎国家的未来、民族的复兴。随着网络技术的发展，新时代大学生们的思想更加复杂、个性、多元，崇尚自由，所以必须加强对新时代大学生思想的正确引导，加快大学生良好社会品德的养成。感恩教育作为一门实践教育课程并不是从高校才开始进行的，每个人在成长时期，受父母的影响，都潜移默化地接受了有关感恩方面的教育。在学生成长的不同阶段，随着学生接受能力的增强，感恩教育的深度也不断增加。大学生这个群体基本已年满18周岁，属于成年人，对事物有自己的看法和判断，接受信息的速度较快，理解、分析信息的能力较强，因此应侧重从社会实践性和学科关联性这两方面来研究新时代大学生感恩教育的特点。

（1）社会实践性

与传统的理论教学不同，感恩教育更强调通过实际行动来培养学生的感恩意识和社会责任感。大学可以设计丰富多样的社会实践项目，例如"感恩之旅"——学生们可以访问需要帮助的社区、孤儿院、养老院等，亲身参与志愿服务。这不仅让学生体验到帮助他人的满足感，还能让他们在互动中感受受助者的情感和需求，从而更深刻地理解感恩的意义。此外，现代科技的应用也为感恩教育增添了新的维度。通过社交媒体平台，学生可以分享他们的实践经历，传播感恩文化，激励更多人参与到感恩行动中来。这种线上线下相结合的方式，使感恩教育更加生动和具有感染力，能够更广泛地影响学生的价值观和行为方式。

（2）学科关联性

大学生感恩教育与各学科的紧密关联性，使得感恩教育并不局限于道德教育课程，而是深入渗透到各个专业的教学过程中。例如，在医学课程中，教师可以通过讲述医学前辈无私奉献的故事，激励学生铭记前人的贡献，并培养他们对病人和社会的感恩之心；在工程学课程中，可以探讨现代科技发展的背后，那些无名英雄的付出和牺牲，从而引导学生学会感恩和尊重他人的劳动成果。甚至在艺术课程中，学生可以通过创作表达他们对家庭、社会和自然的感恩，激发自己的创作灵感。通过这种学科交叉的方式，感恩教育变得更加具体和有趣，并帮助学生在各自的专业领域中找到感恩的意义和实践途径。此外，学校还可以开展跨学科的项目，例如"感恩与科技"主题展览，学生们通过科技创新来表达和传播感恩文化，使感恩教育成为全校师生共同参与和探索的生动实践。

3. 大学生感恩教育的层次

感恩包含"知、情、意、行"四个方面的内涵，大学生感恩教育可以划分为认知、情感及实践三个层次。感恩教育的认知层次也就是感恩内涵中的"意"，主要是指在对大学生开展感恩教育时，要注重提高大学生的感恩意识，通过正向的感恩意识来激发感恩情感的生成。感恩教育的情感层次是指通过对感恩内涵中的"情"的分析，可以引申出大学生感恩教育要重视感恩情感的生成，感恩情感是连接感恩意识与行为的桥梁，正确的感恩情感可以将感恩意识转化为感恩行为，实现感恩教育的最终目标。感恩教育的实践层次对应感恩内涵中的"行"，可以理解为感恩教育要积极引导大学生养成感恩行为，通过感恩教育使大学生将感恩教育的理论知识转化为自发的感恩行为，使大学生真正做到内化于心、外化于行。关于感恩内涵中的"知"，大学生在义务教育阶段就已经对感恩及感恩教育有所了解，为避免教育内容的重复，可以不必将其列为大学生感恩教育的重要内容。

（1）感恩意识提升

感恩意识提升是大学生感恩教育的基础层级，侧重于引导学生认识到感恩的重要性及其对个人成长和社会发展的积极作用。这一层级的教育目标在于唤醒学生的感恩意识，使其意识到每个人的成长和发展都离不开他人的帮助与社会的支持。通过理论讲解、案例分析、感恩主题讲座等形式，让学生理解感恩是一种社会责任和道德义务，是构建和谐社会关系的基石。同时，教育学生识别生活中的恩惠，无论其是来自家庭、高校还是社会，从而激发学生内心的感激之情，为后续的情感培养和行为实践奠定认知基础。

（2）感恩情感培养

感恩情感培养是感恩教育的核心层级，旨在通过一系列情感体验活动，深化学生对感恩的理解和体验，促使其情感层面的升华。这包括但不限于组织感恩主题的文艺作品欣赏、感恩故事分享会、感恩日志撰写等，让学生在参与中感受感恩带来的温暖与力量，进而培养起稳定而深刻的感恩情感。情感培养过程强调情感共鸣和自我反思，鼓励学生从内心深处产生对他人贡献的认可和感激，学会用积极的心态面对生活中的挑战和困难，增强面对逆境时的韧性和心理弹性。这一过程有助于学生形成更加成熟和全面的人格特质，为其成为具有高度社会责任感和人文关怀的未来公民打下坚实的情感基础。

（3）感恩实践养成

实践是个体受思想支配而进行的外在活动，是个体意识的外在表现。感恩实践养成教育是指培养大学生受感恩意识的指引发出感恩行为的能力的教育。感恩行为不仅是感恩意识的最终展现，更是感恩教育的衡量标准。因此，大学生感恩教育不仅要培养感恩意识与情感，更要注重感恩实践的养成。

①要引导大学生的接受行为。引导大学生的接受行为是感恩教育的重要组成部分。大学生在成长过程中接受了来自家庭、学校和社会的各种支持，学会正确地接受帮助并认识到其中的价值，是培养感恩意识的基础。学校可以通过举办"感恩教育讲座"，邀请那些曾经得到过帮助的人现身说法，讲述他们的经历和感受，让学生们从他人的故事中体会到接受帮助的温暖与感激之情。此外，学校还可以开展"感恩日志"活动，让学生每天记录自己所接受的帮助和支持，并反思这些帮助对自己的意义。通过这样的方式，学生能够更清楚地认识到他人付出的努力和关爱，从而在内心深处培养出感恩之情。现代科技手段，如互动式的感恩教育 APP，也可以帮助学生实时记录和分享他们的感受，促进他们对接受帮助的反思和理解。通过这些创新的引导方式，学生可以在日常生活中不断强化感恩意识，形成积极的接受态度。

②要引导大学生的感恩行为。学校可以通过丰富多样的实践项目，让学生在实际行动中体会感恩的快乐和意义。比如，设立"微公益行动计划"，鼓励学生发起和参与小规模、低成本的公益项目，如捐赠闲置物品、组织环保活动等，通过具体的小行动积累感恩的实践经验。创建"感恩创新实验室"，鼓励学生通过创新项目来回馈社会，比如开发便民小程序、设计环保产品等，将感恩与创新结合起来。学校还可以举办"感恩艺术节"，让学生通过绘画、音乐、舞蹈等艺术形式表达感恩之情，并将活动收益用于公益事业。开展"感恩主题的社会调查"，让学生走访社区，了解社会各界对感恩文化的看法和实践，形成报告并提出建议。通过这些多元化的实践活动，学生不仅能够在行动中践行感恩，还能通过亲身参与，感受到感恩带来的成就感和满足感，真正将感恩内化为个人品格的一部分。

（二）开展大学生感恩教育的作用

1. 提高道德感召力

大学生感恩教育是一种特殊的道德教育，具有提高道德感召力的作用。

（1）感恩教育植根于中国的传统文化

感恩教育深植于中国传统文化的土壤中，这不仅是对传统美德的弘扬，更是对当代大学生精神品格的培育。在中国的传统文化中，感恩思想渗透于名家经典中，如"知恩图报""报本反始"等，这些理念穿越千年而历久弥新。将感恩教育与传统文化相结合，不仅能够增强学生对历史和文化的认同感，还能让他们在现代社会中找到文化的归属感和自豪感。通过学习和践行这些古老的智慧，学生能够在纷繁复杂的社会环境中保持一颗谦卑和感恩的心，提升自身的道德感召力。学校可以通过举办传统文化节、经典诵读会等活动，让学生在沉浸式体验中感受到传统文化的魅力与深远影响。通过这种方式，感恩教育不仅成为道德教育的一部分，更成为学生理解和传承中华文化的桥梁。

（2）感恩教育具有明显的个体性

感恩教育的独特之处在于其对个体性格和心理的深刻影响。每个学生都有不同的成长背景和经历，这使得感恩教育必须具备灵活性和个性化。通过感恩教育，学生可以学会如何在日常生活中表达和感受感恩，这不仅有助于他们建立积极的人际关系，还能增强他们的心理韧性和幸福感。学校可以通过个性化的教育计划，如"感恩故事分享""个性化感恩日记"等方式，让每个学生都有机会表达自己独特的感恩经历和感受。在课堂教学中，教师可以通过案例分析、心理辅导等手段，帮助学生更好地理解和实践感恩。感恩不再是一种抽象的道德要求，而是融入每个学生的日常生活中，成为他们自觉践行的行为习惯。感恩教育在提升学生道德感召力的同时，也在无形中塑造了他们的心灵，使他们在未来的生活中更具同理心和责任感。

2. 催发情感亲和力

有效的感恩教育应当是理智与情感的结合，主要通过情感体验来引导，辅以理性的阐释。教育工作者需要创造出能够触发学生情感共鸣的感恩场景，利用日常生活中的小事来激发学生的感恩之心，从而促进情感的交流与共享。这些场景不仅仅是客观存在的事件，更是学生经过个人认知加工后的产物。通过精心设计的情境，可以有效提高学生的认知水平，唤起他们的感恩情感，进而加强社会互动和人际联系。感恩教育的最终目标是创造一个融合情境性与情感性的教育环境，帮助学生将感恩的理念内化，并转化为具体的行为。

3. 营造和谐的社会关系

构建和谐的社会关系，培育心怀感激的高素质人才，是推进社会文明进步、建设社会主义现代化国家的关键之举。和谐，这一亘古不变的理想，不仅是民众心中的向往，更是中国共产党矢志不渝的奋斗目标。

（1）良好的人际关系是社会和谐的必要条件

感恩，作为一种生活哲学，引导大学生学会如何与他人和谐相处。在人际交往中，怀抱感恩之心，能够敏锐感知他人的善意、尊重他人的付出，以平等、理解和包容的态度对待周围的人和事，无私助人，不仅能赢得他人的尊敬与爱戴，更能营造一个充满温暖与和谐的人际环境。和谐的人际关系，让生活充满喜悦与满足。

（2）个人发展与社会进步相辅相成

良好的社会氛围为个体成长提供了沃土，而个体在享受社会福祉的同时，应不断提升自我，回馈社会，共同构筑和谐社会。感恩，激励着人们承担社会责任，为社会繁荣贡献力量。

（3）人与自然和谐相处是人类赖以生存的基础

自然界慷慨的馈赠虽无言却无私，不应被视为理所当然。深化大学生的感恩教育，使其深刻理解人与自然相互依存、共生共荣的本质，学会感恩自然的滋养，遵循自然法则合理利用资源，实现人与自然的和谐共生。大学生若能心怀感恩，与他人、社会、自然和谐共处，主动奉献、回报社会，必将为构建和谐社会关系发挥重要作用。

4. 促进大学生全面发展

（1）塑造健全人格结构

感恩教育引导学生认识到个人成长与社会环境、他人贡献之间的密切联系，有助于培养学生的社会责任感和集体主义精神。它促使学生在自我实现的同时，关注并尊重他人的付出与牺牲，学会在人际交往中表达感激之情，从而促进个体与社会的和谐共生。此外，感恩教育还能有效减少自私自利、功利主义倾向，使学生在面对成功与失败时保持谦逊和乐观的态度，形成健康的心理状态和积极的人生观，为全面发展奠定坚实的人格基础。

（2）提升社会适应能力

感恩教育能够显著提升大学生的社会适应能力，使他们在复杂多变的社会环境中更加游刃有余。通过感恩教育，学生学会了从多元视角审视问题，理解不同群体的利益诉求，这有助于他们建立包容和理解的心态，增强团队协作能力和跨文化交际技巧。更重要的是，感恩教育培养的感恩心态，让学生在遭遇挫折和逆境时，能够从过往的经历中寻找积极因素，看到他人和环境的正面影响，从而保持积极向上的态度，增强心理韧性，提高解决问题和应对压力的能力，为职业生涯的成功和个人幸福打下基础。

（3）激发创新潜能与终身学习动力

当学生懂得感恩时，他们会更加珍视已有的知识和技能，同时也更加渴望探索未知领域，不断充实和完善自己。感恩的心态促使学生对教师、前辈以及所有知识来源持有尊重和感激之情，这种正面情绪可以转化为强烈的学习动机，驱使他们在学术研究和社会实践中追求卓越，勇于尝试和创新。此外，感恩教育还强调个人成长与社会进步的紧密联系，鼓励学生将个人发展与国家需求、人类福祉相结合，从而在追求个人兴趣和职业目标的同时，不忘回馈社会，为社会发展贡献力量，实现个人价值与社会价值的双赢。

第二节　志愿服务提升大学生思想道德素质

一、志愿服务与提升大学生思想道德素质之间的内在关系

志愿服务是做好大学生思想政治教育工作的重要补充，在提升大学生思想道德素质方面发挥了重要作用。志愿服务的目的是通过志愿行动增进社会福祉、化解社会发展难题，构建社会主义和谐社会。提高大学生思想道德素质的最终目的也是社会的和谐发展，二者目的相同。另外，志愿服务在促进大学生思想道德素质发展的过程中也实现了自身的发展。

(一) 志愿服务与大学生思想道德素质的提升旨归相同

1. 塑造公共精神与社会使命感

志愿服务作为社会实践活动的重要组成部分，其核心在于培养个体的公共精神和社会使命感。大学生通过投身于志愿服务，不仅能够深化对社会现实的理解，更能从中汲取精神养分，逐渐形成对社会公共事务的积极参与态度。这一过程促使大学生从自我中心向社会责任中心转变，实现个人价值与社会价值的统一。在具体实践中，无论是参与环境保护、社区服务还是教育援助，都能让大学生深刻体会到"小我"与"大我"的辩证关系，从而在思想道德层面实现质的飞跃，成长为具有强烈社会责任感和公共情怀的现代公民。

2. 促进道德认知与情感内化

志愿服务提供了一个道德认知与情感内化的理想场域。通过亲身参与志愿服务，大学生能够将抽象的道德理念转化为具体的行动实践，进而加深对道德规范的理解和认同。在这一过程中，他们不仅能学习到如何处理复杂的人际关系、如何在面对困境时保持正义和善良，更重要的是，能够在帮助他人的同时体验到内心的满足和幸福。这种正面的情感体验，促进了道德认知向道德情感的转化，使道德规范不再仅仅是外在的约束，而是内化为个体的自觉追求，成为指导日常行为的内在动力。

3. 强化道德实践与社会融合能力

志愿服务不仅是一种道德实践的平台，更是大学生融入社会、提升社会适应能力的有效途径。在志愿服务活动中，大学生会遇到各种各样的人和事，这些经历促使他们学会倾听、理解和包容，增强了人际交往能力和团队协作精神。同时，面对志愿服务中的挑战和难题，大学生需要运用批判性思维和创新思维去解决问题，这无疑提升了他们的综合素养和解决问题的能力。更为重要的是，通过志愿服务，大学生能够建立更加广泛的社交网络，增强社会归属感，为将来步入社会打下坚实的基础。在这一过程中，他们的道德实践能力和社会融合能力得到了显著提升，为其成为社会主义建设者和接班人奠定了坚实的基础。

（二）志愿服务为提升大学生思想道德素质提供实践方式

志愿服务不仅为大学生提供了将抽象道德理论转化为实际行动的契机，更是一次深刻的自我教育旅程，使学生在亲身参与中深刻体会道德的力量，深化道德认知，进而实现自我提升与社会贡献的和谐统一。

传统理论教育侧重于知识的灌输，企图以此提升大学生的思想道德素质。然而，此类教育方式往往忽视了学生的主体性，导致学生处于被动接受状态。尽管他们在短时间内可以积累大量知识，但因缺乏实践基础，这些知识难以内化为稳定的道德信念与行为模式。志愿服务的出现，恰如其分地弥补了这一缺陷，它使学生从理论的旁观者转变为实践的参与者，赋予他们学习的主动权，激发了学习的积极性与主动性。

通过志愿服务，大学生得以深入社会的各个层面，面对真实的需要与挑战，亲身体验到助人为乐、服务社会的喜悦与价值。无论是投身环境保护、参与社区服务，还是开展支教活动，每一次行动都是对道德理论的生动演绎，每一次付出都加深了对责任、关爱、奉献等道德准则的理解。更重要的是，志愿服务促使大学生进行自我反思，思考个人行为与社会需求之间的关联，探索如何通过自身努力为社会带来积极影响。这种反思过程，犹如一面明镜，映照出道德认知的深度与广度，推动大学生在实践中持续调整和完善行为模式，实现道德品质的升华。

志愿服务对于高校德育工作的重要性不容小觑。它将德育从理论层面引向实践层面，从封闭的课堂延伸至广阔的社会舞台，让学生在真实的社会环境中检验和发展自己的道德观，使德育工作更加贴近学生的生活实际，更具针对性与感染力。同时，志愿服务是校园文化建设的重要组成部分，它倡导一种积极向上、勇于奉献的价值观，激发更多学生参与其中，形成一种良性互动的德育生态，共同提升校园的德育文化水平。

（三）大学生思想道德素质的提升为志愿服务提供精神动力

1. 深化价值认同，激发内在动力

大学生思想道德素质的提升，尤其是对社会主义核心价值观的深入理解与认

同，为志愿服务活动提供了源源不断的内在动力。随着思想境界的升华，大学生们开始意识到个人价值与社会价值的统一，认识到志愿服务不仅是帮助他人的善行，更是实现自我价值、促进社会进步的重要途径。这种深层次的价值认同，促使大学生从被动参与到主动担当，将志愿服务视为自我成长和实现人生理想的舞台，从而激发出自身更强的责任感和使命感，为志愿服务活动注入持久的精神动力。

2. 强化道德实践，提升行动效能

思想道德素质的提升不仅体现在认知层面，更关键的是转化为实际行动。大学生通过志愿服务，将所学的道德理论付诸实践，实现了从知到行的跨越。在这个过程中，他们学会了如何将道德规范转化为具体的行为准则，如何在复杂的社会情境中作出正确的道德判断和选择。这种实践过程不仅增强了大学生的道德判断力和行动力，也使得志愿服务活动更加高效有序，服务质量显著提升，进一步彰显了志愿服务的社会价值，为构建和谐社会作出了积极贡献。

3. 促进情感共鸣，增强团队凝聚力

大学生思想道德素质的提升，还体现在情感层面的成熟与发展。通过参与志愿服务，大学生在帮助他人的同时，也会感受到来自受助者的感激与社会的认可，这种正面的情感反馈激发了强烈的成就感和幸福感，增强了个人的自信心和社会归属感。更重要的是，志愿服务活动往往需要团队协作，共同面对挑战，完成任务。在这个过程中，大学生们学会了相互尊重、信任与支持，形成了深厚的团队情感纽带，增强了团队的凝聚力和战斗力。这种情感共鸣不仅提升了志愿服务的效率和质量，也为大学生们创造了更多的人际交往机会，拓宽了社交网络，促进了社会融入，为个人的全面发展和社会的和谐稳定奠定了坚实的基础。

二、志愿服务在大学生思想道德素质提升中的促进作用

（一）志愿服务有助于坚定大学生的理想信念

在当今中国，理想信念意味着对马克思主义的深信不疑，对实现共产主义远大理想和中国特色社会主义共同理想的坚定信念。对于大学生而言，理想信念是

他们精神世界的基石，是必备的思想道德品质，直接影响他们未来的人生选择。坚定的理想信念如同航标灯，引领大学生确定人生目标，不仅推动个人的成长和成才，明确人生的意义和价值，同时还对社会主义事业的推进至关重要。只有将崇高的理想信念融入国家发展大局，与民族复兴的实现紧密结合，勇于承担社会责任，才能真正实现人生的价值。尽管当代大学生在生理上已经成熟，但心理上仍处于不稳定的发展阶段，情感和行为容易受外界影响。因此，社会上的负面因素容易冲击大学生的价值观，影响他们的价值取向，导致理想信念的弱化和信仰的缺失。

志愿服务精神可以净化大学生的思想，使他们在物质化社会中保持纯洁。通过参与志愿服务，大学生能够自觉以志愿精神为导向，主动奉献自己的时间和精力，不计个人得失，有助于他们在实践中树立崇高的社会理想，避免受到自由主义、利己主义等错误思想的影响，坚定共产主义理想，筑牢理想信念的基础。坚持在改进中加强、提升思想政治教育的亲和力和针对性，满足学生成长发展的需求和期待。志愿服务是高校思想政治教育中的实践教育方式，开展连续性和多样性的志愿服务活动，可以增强思想政治教育的吸引力，使学生更好地理解马克思主义理论和理想信念教育的相关内容，坚定对马克思主义的信仰。高校可以通过这些志愿服务活动，推动学生将课堂上所学的理论知识应用于实际行动中，从而加深他们对思想政治教育的认识和理解，进一步提升他们的思想觉悟和政治素养。

（二）志愿服务有助于培养大学生的社会责任感

1. 强化个体对他人的责任：从自我中心到共同体意识

志愿服务为大学生提供了一个"跳出自我中心"、培养对他人的责任感的独特平台。在参与志愿服务的过程中，大学生面对的是真实的社会需求和多元的社会群体，这迫使他们超越个人的视野，学会从他人的角度思考问题，体察他人的需要和感受。这种体验式学习，不仅能够帮助大学生建立起对他人深切的同理心，而且在实际行动中，如在社区服务、环保行动、支教活动中，他们必须学会与他人合作，共同承担责任，完成任务。这种从理论到实践的转变，使大学生在帮助他人的同时，也逐渐形成了对他人的责任感，以及对团队合作重要性的深刻认识，为将来步入社会成为一个能够承担责任、尊重他人、具备良好公民素质的成年人奠定了坚实的基础。

2. 催生社会担当：从理论认知到实践行动的桥梁

志愿服务是连接大学生社会责任感理论认知与实践行动的关键桥梁。在传统教育模式下，大学生往往通过课本和讲座了解社会责任的重要性，然而，这种单向度的知识灌输很难推动学生将责任感转化为实际行动。志愿服务则提供了一个真实的场景，让大学生能够亲身体验社会问题，面对现实挑战，从而将抽象的责任感具象化为具体的服务行动。在志愿服务中，大学生不仅能够见证自己的努力如何改善他人的生活，也能深刻体会到个人行为对社会的潜在影响。这种体验激发了他们对社会的深切关怀，促使他们思考如何利用自身知识和能力为社会作出更大的贡献，最终形成了一种内在驱动，即对社会进步的强烈责任感和使命感。

3. 构建全面发展的路径：从责任培养到综合素质提升

志愿服务不仅有助于培养大学生的社会责任感，更是一个促进其全面发展的重要途径。在志愿服务的过程中，大学生不仅学会了承担责任，还锻炼了沟通协调、团队合作、问题解决等一系列关键能力。这些能力的提升，不仅对个人未来的职业生涯和社会适应能力有着直接的积极影响，同时也是社会责任感得以深化和拓展的重要支撑。更重要的是，通过志愿服务，大学生能够建立起一种积极向上、乐于奉献的生活态度，这种态度将伴随他们的一生，成为他们面对未来挑战时的宝贵财富。因此，志愿服务不仅是社会责任感培养的有效手段，更是大学生综合素质提升和社会化过程中的重要环节，对于塑造新一代有担当、有能力、有爱心的青年人才具有不可估量的价值。

（三）志愿服务有助于培养大学生的坚韧品格

1. 面对挑战，锤炼意志力

高校阶段，学生主要精力集中在理论知识的学习上，缺乏实战经验。志愿服务为大学生提供了一个直面社会复杂性的平台，让他们在帮助他人的同时，也面临诸多挑战。不同于书本上的案例分析，志愿服务中的问题是真实存在的，解决方案往往需要结合实际情况灵活制定。在这一过程中，大学生需要展现出极大的耐心和毅力，不断尝试、调整策略，直至找到最合适的解决方法。这种经历不仅考验了他们的应变能力，更重要的是，每一次的挫败和最终的胜利都成了他们意志力的磨刀石，锻造出一颗颗更加坚韧的心。面对困难时的不懈努力，不仅提升了个人解决问题的能力，也塑造了他们面对未来不确定性时的坚定决心。

2. 见证生命之坚韧，涵养内心力量

志愿服务的对象往往是社会上处于困境中的群体，他们的生活可能充满了艰辛，但依然保持着对生活的热爱和对未来的希望。大学生在接触和服务这些群体的过程中，能够直观地感受到生命的力量和韧性。这种正能量的传递，不仅能够激发他们对生活的热爱，更能激励他们在面对个人困难时，保持乐观和勇敢。通过与服务对象的互动，大学生学会了从另一个角度看待生活中的挫折和挑战，意识到即使在逆境中，也有无限可能。这种心灵上的触动，无形中增强了他们面对生活困境时的心理承受力，培养了更加坚韧不拔的品格。

3. 自立自强，增强生活信心

志愿服务活动不仅是一次次对外的帮助，更是对内的一次次探索和自我的成长。在志愿服务中，大学生往往需要独立完成分配的任务，这种独立行动的机会，促使他们学会自我管理和决策，培养了自立自强的精神。当他们在自己的努力下完成任务，获得服务对象或是团队成员的认可时，其自信心得到了极大的提升。这份自信不仅仅是完成某项任务后的满足感，更是一种对未来充满期待和把握的信心。这种由内而外的自信，将成为他们日后面对人生各种挑战时的强大后盾，使他们更加勇敢地追求梦想，迎接每一个未知的明天。

三、大学生志愿服务育人作用模式

（一）社会实践育人

社会实践育人通过让大学生走出校园，深入社会，以真实的社会环境为课堂，锻炼他们的实际能力和综合素质。学生们通过参与社区服务、社会调研、扶

贫支教等多种形式的实践活动，不仅能够将理论知识应用于实践，还可以在服务过程中感受社会需求和民生问题，提升他们的社会责任感和使命感。例如，参与环境保护活动，可以让学生亲身体会生态保护的重要性，从而激发他们的环保意识和行动力；参与社区健康服务，则可以让他们了解基层医疗的现状和挑战，增强他们对公共卫生的关注和理解。通过这些丰富多样的社会实践活动，学生们不仅积累了宝贵的社会经验，还培养了自身的团队合作精神和领导能力，形成了更为成熟的价值观和人生观。

（二）基地育人

基地育人模式通过建立专业化、规范化的志愿服务基地，为大学生提供长期稳定的实践平台。这些基地不仅包括学校内设的服务站点，还涵盖社区中心、福利院、环保组织等社会机构。通过在这些基地开展持续的志愿服务活动，学生们能够在稳定的环境中深入了解某一领域的实际工作，积累专业知识和技能。例如，在敬老院定期开展志愿服务的学生，不仅能学会如何照顾老人，还能理解老年群体的心理需求，提升自身的社会工作能力。在环保组织中服务的学生，可以通过实际参与生态保护项目，掌握环境科学的应用知识，并形成环保意识和责任感。基地育人模式强调长期性和深入性，确保学生在实践中不断成长，并在专业领域中获得持续的提升和发展。

（三）项目育人

项目育人模式则通过具体的志愿服务项目，将育人目标与项目执行紧密结合。每一个项目都有明确的目标、计划和实施步骤，学生在参与项目的过程中，不仅能够锻炼项目管理和执行能力，还能体验从策划到实施的完整过程。例如，策划并实施一场大型公益活动，如募捐、义卖或公益演出，学生需要进行项目策划、团队组织、资源筹集和活动执行等多方面的工作，这不仅锻炼了他们的组织协调能力和解决问题的能力，还培养了他们的领导力和创新精神。项目育人模式注重通过具体的任务和目标，激发学生的主动性和创造性，使他们在项目完成中获得成就感和自信心，同时培养他们的责任感和奉献精神，为他们未来的职业发展和社会贡献打下坚实的基础。

四、培育大学生志愿服务精神

志愿精神是引领大学生参与志愿服务的思想指引，志愿精神培育得当，可以为进一步发挥志愿服务作用、提升大学生思想道德素质提供源源不断的动力支持。因此，大学生志愿服务要坚持思想引领，积极引导大学生在服务社会过程中坚定理想信念、增强社会责任感，为成长为新时代的社会主义建设者奠定坚实的思想基础。

（一）发挥学生自我教育作用

1. 领悟志愿精神

在培育大学生志愿服务精神的过程中，首要任务是激发其内在的觉醒，引导他们从深层次上理解志愿精神的真谛。这不仅仅是关于奉献、友爱、互助和进步的口号，更是一种生活哲学和价值追求。高校和教育机构可以通过开设专门的志愿服务课程，邀请活跃在一线的志愿者讲述他们的故事，用鲜活的事例触动大学生的心灵，引发他们对生命意义和社会责任的深刻思考。同时，借助新媒体平台，如在线论坛、社交媒体群组，创建一个开放的交流空间，让大学生能够自由分享自己的志愿服务经历和感悟，通过同伴之间的互动启发，加深对志愿精神的理解，从而在内心深处种下志愿服务的种子，让其在日常生活中自然萌芽生长。

2. 端正志愿服务参与动机

为了确保大学生的志愿服务活动能够持续且有意义，必须注重优化其参与动机，构建一个正向循环的激励机制。这意味着从传统的奖励导向转变为以成长和自我实现为核心的价值导向。高校和社会应当设计一系列志愿服务项目，不仅关注社会服务的成效，更注重参与者个人能力的提升和价值观的塑造。例如，通过设立"志愿服务成长计划"，为大学生提供个性化的职业规划指导、领导力培训和心理健康辅导，使他们在服务他人的同时，能够发现自身潜力，增强社会适应能力。同时，建立一套科学的评估体系，对大学生的志愿服务表现进行客观评价，不仅仅看重服务时长，更重视其在服务过程中的态度、创新和影响力。这种以成长为中心的参与动机,能够激发大学生的内在热情,使其在志愿服务中找到真正的快乐和满足感,从而形成良性循环,促进志愿服务精神的持续传承和发展。

(二)发挥典型榜样教育作用

1. 丰富榜样教育内容

通过多样化的教育手段,让学生接触到不同领域志愿者的感人故事和实际贡献,从而全面了解志愿服务的多样性和深远影响。可以利用多媒体技术制作丰富的教育材料,如纪录片、微电影和线上课程,生动展示志愿者的实际行动和成果。这样的教育形式不仅能够使学生更直观地感受到志愿服务的价值,还能通过实际案例的展示,让他们理解志愿服务对个人成长和社会进步的重要意义。丰富的教育内容应包括理论学习与实际体验的结合,通过对志愿服务理念的深刻讲解,配合志愿者亲身经历的分享,激发学生的参与热情和行动力,使他们在潜移默化中接受志愿服务精神的熏陶和感染。

2. 正确选树道德榜样

在选树榜样时,应注重多样性和代表性,选择那些在不同领域中表现突出的志愿者。这些榜样不仅要在专业技能上有所建树,更要在志愿服务中展现出高度的社会责任感和奉献精神。评选过程应严格把关,确保所选榜样的事迹真实可信,能够激励和引导学生树立正确的道德观和价值观。通过各种宣传渠道,广泛传播这些榜样的故事,使他们的精神能够潜移默化地影响和教育学生。

3. 推进榜样教育常态化

学校可以设立每月一次的"榜样力量"主题活动,定期邀请不同领域的优秀志愿者分享他们的经历和心得。建立榜样教育长效机制,将榜样教育融入新生入学教育、班级建设和社团活动,让学生在日常学习生活中不断受到榜样的激励和影响。此外,利用数字化平台,如线上课程和视频讲座,随时随地传播榜样的优秀事迹和精神,实现榜样教育的常态化和全覆盖。通过持续不断的榜样教育,帮助学生逐渐培养起强烈的志愿服务精神和社会责任感,使其成为生活中的自觉行动。这样，榜样教育不仅能在短期内产生积极影响，更能长期且深刻改变学生的行为模式和价值观，使志愿服务精神真正扎根于学生心中，成为他们人生中的一部分。

（三）发挥教师思想引领作用

1. 加强自身志愿服务理论研究

教师作为教育领域的引领者，其自身对志愿服务理论的深入研究是发挥思想引领作用的前提。这不仅要求教师掌握志愿服务的历史沿革、全球实践及其社会价值，更要能够洞察志愿服务在新时代背景下的新趋势、新挑战，如数字化志愿服务、跨文化交流等前沿议题。通过参与学术研讨会、撰写研究论文、开展实证调研等方式，教师能够深化对志愿服务本质与功能的理解，形成系统化的志愿服务理论框架。这一过程不仅丰富了教师的专业知识，更使其成为志愿服务领域的专家，为其在课堂内外传播志愿服务精神打下坚实的理论基础。

2. 日常教学中弘扬志愿服务文化

教师是人类文明的传承者和传播者，也是学生人生成长道路上的引路人。从古至今，教师在学生心中都具有崇高的地位，是德高望重、学识渊博的象征，因此对于教师在课堂讲授的知识内容，学生的认可度会比较高。日常教学中紧紧抓住这一点，最大程度发挥教师在大学生思想道德教育中的主导作用，才能最大限度地取得思想道德教育的良好效果。志愿服务丰富了思想道德教育的内容，是教师对学生进行思想政治教育的有力方式。在课堂教学中，教师要自觉将志愿精神融入思想政治教育日常授课，以志愿精神为引领，穿插志愿服务内容，设置合理的教学情境，通过典型事例或情境再现的方式深化大学生对志愿服务的理解，调动学生学习的主动性。而且目前高校思想政治理论课大部分都采取大班教学模式，给开展课堂讨论提供了广泛的空间。在课堂上，不同专业的学生可以相互交流，发表各自的意见，在思想的相互碰撞中产生的对志愿服务的认识也更为深刻。思政教师可以利用这一课堂优势对学生进行志愿服务教育引导。同时，志愿服务精神的培养需要全体老师的共同努力，因此思政课教师要注意和其他专业课教师之间的相互配合，形成教育合力。一方面，可以将志愿服务与其专业知识相结合，引领大学生在志愿服务中利用其专业力量更好地为社会服务，另一方面，在提升学生专业能力的同时不断实现对他们道德素质的提升。

3. 以身示范做学生行为的引导者

教师自身的行为示范，是激发学生志愿服务精神最直接、最有效的方式。在日常生活中，教师应积极投身于志愿服务活动，无论是参与社区建设、环境保护，还是支持弱势群体，都应成为学生眼中活生生的榜样。通过分享个人的志愿服务经历，讲述背后的感动与收获，教师能够激发学生对志愿服务的兴趣与热情，引导他们将理论学习转化为实际行动。更重要的是，教师的示范作用，能够传递出一种积极向上的生活态度和价值取向，鼓励学生勇于承担社会责任，敢于面对挑战，以实际行动诠释"知行合一"的教育理念。这种榜样的力量，不仅能够促进学生志愿服务精神的培育，更能够塑造一代又一代具有崇高理想和坚定信念的青年，为社会的持续进步注入源源不断的活力。

第三节　多种策略下大学生思想道德素质的提升

一、社会角度的提升策略

（一）深化市场经济体制改革，建立道德监督机制

1. 强化社会主义市场经济中的道德他律原则

深化市场经济体制改革，要求我们强化道德他律原则，即通过外部力量对市场行为进行规范和引导，确保市场活动既追求经济效益，同时又符合道德标准。在社会主义市场经济中，道德他律体现在法律法规、行业规范以及社会舆论等多方面的约束上。通过建立健全相关法律法规，明确市场行为的底线和红线，防止唯利是图、不顾公德的市场行为。同时，行业内部的自律公约和社会公众的道德监督，也是道德他律的重要组成部分，它们共同构成了市场活动的外部约束机制，促使市场参与者在追求经济效益的同时，兼顾公平正义和社会责任。这种道德他律

原则的应用，不仅能够净化市场环境，还能够为新时代大学生提供一个正面的道德示范，引导他们形成正确的价值观念，为其思想道德素质的提升奠定基础。

2. 实现社会主义市场经济条件下的道德制度化

道德制度化是将道德规范纳入制度安排，使之成为市场运行的有机组成部分。这要求我们在社会主义市场经济条件下，建立和完善道德监督机制，通过制度化的形式，确保道德规范的落实和执行。道德监督机制的建立，一方面，需要政府发挥主导作用，制定相应的政策法规，对市场行为进行有效监管，及时纠正不道德的市场行为；另一方面，需要社会力量的广泛参与，包括行业协会、非政府组织、媒体和公众等，共同形成多层面、立体化的监督网络。道德制度化的实现，不仅能够提升公民的道德意识和道德水平，还能够营造一个风清气正的社会氛围，为新时代大学生提供一个良好的成长环境，促进其思想道德素质的全面提升。

3. 利用道德模范的正向激励与反向惩罚机制

在深化市场经济体制改革的过程中，建立道德模范的正向激励与违背道德要求的反向惩罚机制，是提升公民道德水平的有效手段。通过对道德模范的表彰和宣传，可以树立正面的道德典范，激发社会成员的道德情感，引导人们向善向上。同时，对于那些违背道德规范的行为，通过法律制裁、社会谴责等手段进行惩戒，形成强有力的道德约束。这种正向激励与反向惩罚相结合的机制，不仅能够强化道德规范的权威性和执行力，还能够促进公民道德自律与他律的统一，为新时代大学生思想道德素质的提升营造一个健康向上的社会环境。

（二）理性看待中外文化，弘扬社会主义核心价值观

1. 融合东西方文化精华，塑造多元文化视角

在新时代的背景下，大学生提升思想道德素质的关键在于理性审视中外文化，既要承继中华优秀传统文化的深厚底蕴，也要批判性地吸纳西方文化的优秀成果。这要求大学生培养开放包容的态度与批判性思维，运用马克思主义的理论武器，对西方文化进行深度剖析，既要汲取其蕴含的科学精神与民主理念，又要

警惕并抵御资本主义价值观中的消极元素，如极端个人主义与享乐主义。通过东西方文化的交融，大学生能够构建起多元化的文化视野，形成既植根于本土又放眼世界的文化认同，为思想道德素质的提升奠定稳固的文化基石。

2. 弘扬传统美德，滋养道德教育

中华传统美德是中华民族精神的珍贵遗产，蕴含着丰富的道德智慧与价值追求。新时代大学生思想道德素质的提升，离不开对中华传统美德的深入挖掘与传承。诸如重民本、守诚信、求大同、讲仁爱、崇正义等传统美德，不仅能够丰富大学生的道德情感，还能够引导其树立正确的世界观、人生观与价值观。在马克思主义的引领下，对传统美德进行创造性转化与创新性发展，使其更加契合时代的需求，不仅能够增强大学生的文化自信，还能够促进其道德认知的深化与道德行为的规范，为思想道德素质的全面提升提供不竭的源泉。

3. 践行社会主义核心价值观

社会主义核心价值观是新时代中国精神的集中展现，是引领大学生思想道德素质提升的精神灯塔。国家层面的富强、民主、文明、和谐，社会层面的自由、平等、公正、法治，以及个人层面的爱国、敬业、诚信、友善，构成了一个全面而系统的道德体系，为大学生提供了明确的道德指南。通过培育与践行社会主义核心价值观，大学生能够清晰界定自己的道德坐标，确立正确的价值追求，不仅能在个人层面提升道德修养，还能在社会层面发挥积极的示范效应，成为社会主义道德建设的积极推动者。社会主义核心价值观的内在精神与道德要求，能够助力大学生抵御西方资本主义错误价值观的侵袭，增强文化自信，为中国特色社会主义道德建设添砖加瓦，实现个人成长与社会进步的和谐共振。

（三）净化网络环境，对网络媒体信息严格把关

1. 加强网络监管，确保信息真实可靠

当前，网络信息的传播速度极快，但信息的真实性和准确性却常常难以保证。为了提升大学生的思想道德素质，首先需要加强对网络信息的监管。通过建立和完善相关法律法规，对虚假信息、谣言以及恶意中伤等内容进行严厉打击。

同时，相关部门应加大对网络平台的监管力度，要求平台履行审查义务，确保发布的信息真实可靠。此外，应积极引导网络用户自觉抵制和举报不良信息，共同维护网络环境的健康与清朗。

2. 提升媒介素养教育，增强辨别能力

在信息爆炸的时代，大学生作为网络信息的主要接收者和传播者，提升其媒介素养显得尤为重要。高校应开设相关课程或讲座，教授学生如何辨别信息的真实性和可靠性，培养其批判性思维能力。同时，应鼓励学生多渠道获取信息，通过对比分析，形成全面而准确的认识。大学生只有具备了较高的媒介素养，才能在海量信息中保持清醒的头脑，不被虚假信息所迷惑，从而提升其思想道德素质。

3. 构建积极网络文化，传播正能量

净化网络环境不仅需要外部的监管和教育，更需要构建积极向上的网络文化。高校和相关机构可以通过组织线上线下相结合的活动，推广积极向上的价值观和道德理念。例如，开展网络公益活动，鼓励大学生通过网络平台分享具有正能量的故事和行为，传播社会正能量。同时，网络媒体应肩负起社会责任，制作并传播更多积极、健康、富有教育意义的内容，引导大学生树立正确的价值观和人生观。在积极网络文化的熏陶下，大学生的思想道德素质将会得到显著提升。

二、高校角度的提升策略

（一）坚持德育内容的与时俱进

随着社会的发展和时代的变迁，大学生思想道德教育的内容必须与时俱进，才能有效应对新形势下的挑战。当前，信息技术的迅猛发展和全球化进程的加速，使得大学生接触到的思想观念更加多元化。为了使德育内容更加贴近学生的实际生活和思想状况，高校应注重引入新时代的思想政治教育内容。例如，将社会主义核心价值观与当代大学生的具体生活体验相结合，增强其认同感和归属感；同时，还应关注互联网思维、人工智能、生态文明建设等新兴领域，帮助学生树立正确的价值观和世界观。此外，德育内容的更新还应注重传统文化的传承

与创新,通过深入挖掘中华优秀传统文化的当代价值,增强大学生的文化自信和民族认同。

(二)推进大学生思想道德教育的模式方法改革

在全球化和信息化的背景下,大学生思想道德教育的模式和方法亟须创新与改革。传统的灌输式教育方式已难以满足当代大学生的需求,高校应积极探索更加多样化和互动性的教育模式。首先,可以通过现代信息技术手段,构建线上线下相结合的混合式教学模式,利用慕课、微课、虚拟现实等新技术,提高教育的吸引力和感染力。其次,应注重实践教学环节,通过社会实践、志愿服务、实习见习等方式,让学生在真实的社会情境中锻炼和提升自己的思想道德素质。此外,高校还应鼓励和支持学生自主组织思想政治学习小组,开展形式多样的讨论和交流活动,激发学生的学习主动性和参与积极性,形成人人参与、人人受益的良好教育氛围。

(三)加强教师队伍的思想道德建设

教师是大学生思想道德教育的直接实施者和重要引导者,其自身的思想道德素质直接影响教育的效果。为了提升大学生的思想道德素质,必须加强教师队伍的思想道德建设。首先,高校应建立健全教师思想道德评价体系,将教师的思想政治表现作为职称评定、绩效考核的重要依据,激励教师自觉提升自身的思想道德修养。其次,应通过定期开展思想政治教育培训和交流活动,帮助教师更新观念、拓宽视野、提升教育能力,使其能够更好地应对新形势下的教育挑战。此外,还应注重发挥优秀教师的示范引领作用,通过树立和宣传一批师德高尚、业绩突出的教师典型,激励广大教师见贤思齐,不断提升自身的思想道德水平和教育教学能力。在良好师德师风的引领下,大学生的思想道德素质将得到有效提升。

三、家庭角度的提升策略

(一)更新家庭教育观念

高校阶段是大学生人生中的重要转折期,在这一阶段,他们的思想道德素质在逐渐完善和定型，思想观念也在不断变化。此时，正是思想道德素质发展的关键期，家庭教育必须从以往"重智轻德"的育人观念中走出来，将"德育"置于首要位置。这不仅有助于调节孩子的内在修养和外在行为的关系，还能促进其全面发展。新时代大学生的成长成才和全面发展，意味着他们要把握新时代的历史方位，明确自己的角色定位和时代责任，在德智体美劳各个方面都能得到良好发展，成为新时代的栋梁，成为中国特色社会主义的合格建设者和可靠接班人。

面对当前社会的激烈竞争，大学生在学习、就业等方面面临着前所未有的巨大压力。这需要家庭发挥重要作用，自觉更新教育观念，为大学生营造温暖和谐、积极向上的家庭氛围。家庭应善于与子女进行有效的沟通，尊重和支持他们的自主选择和正确决策。通过更新教育观念，家长可以更好地理解和支持孩子，帮助他们在激烈的社会竞争中找到自己的方向和目标，减轻他们的心理压力。家庭教育应注重培养孩子的道德品质和心理素质，使他们在面对挑战时能够从容应对，不断成长和进步。总之，更新家庭教育观念是促进大学生全面发展的关键，是帮助他们在新时代背景下成为有理想、有本领、有担当的新时代新人的重要途径。

（二）发挥家长的道德示范作用

家庭教育作为大学生成长的重要基础，具有启蒙和引导的关键作用，是大学生成长过程中不可或缺的一部分。在这一过程中，父母扮演着核心角色，其言行举止、家庭文化以及家庭情感，都会对孩子产生深远影响。因此，要在新时代提升大学生的思想道德素质，不仅需要在社会中树立道德模范的榜样，还要充分发挥家长在道德认知、道德情感和道德行为等方面的示范作用。如果家长具备良好的思想素质、政治素质和道德素质，拥有深厚的思想道德修养和法治素养，就能够在日常生活中通过言传身教，引导子女自觉遵守社会道德规范，提升自身思想道德水平，并将这些内化为良好的行为实践。这种潜移默化的影响，比任何外部教育都更为直接和有效。家长在日常生活中的每一个举动、每一句话，都在无形中塑造着子女的价值观和行为模式。因此，家长要注重自身的道德修养，做孩子的榜样，以实际行动示范如何做一个有道德、有责任感的人。家长在家庭教育中应继承和弘扬中华民族的传统美德,践行社会主义核心价值观,通过潜移默化的方式影响和熏陶子女。家长可以通过日常生活中的小事,向子女展示诚实守信、尊老爱幼、助人为乐等传统美德,让孩子在耳濡目染中感受到这些价值观的重要性。家长还应鼓励孩子实事求是,激励他们立志成才,勇于担当时代责任,通过实际行动为国家和社会作贡献,实现自己的人生价值。在这个过程中,家长不仅是教育者,更是孩子成长道路上的引路人和伙伴。他们通过自身的道德示范作用,为孩子树立了一个个鲜活的榜样,使孩子在耳濡目染中逐渐形成良好的道德品质和行为习惯,最终成长为具有高尚品德和社会责任感的新时代大学生。

四、个人角度的提升策略

(一) 加强道德自律

道德自律是一种内在的力量,能够引导个体在无外界监督的情况下坚持正确的行为选择。大学生应当从自身实际出发,设定具体的道德行为准则,在日常生活中严格遵守这些准则并通过自我反思和内省,识别并改正自身存在的不良习惯和行为偏差。自律不仅体现在不做坏事上,更重要的是积极行善,主动承担社会责任。在学术上,要杜绝抄袭作弊行为,诚信治学;在生活中,要尊重他人,守时守约,养成良好的生活习惯。道德自律的培养不仅有助于个人品格的塑造,更为未来的职业发展和社会融入奠定坚实的基础。

(二) 形成正确的道德认知

大学生应当深入思考和理解道德问题,形成科学而正确的道德认知体系。通过系统学习道德哲学、伦理学等课程,了解不同历史时期和文化背景下的道德观念和价值体系。积极参与校内外的道德讨论和辩论活动,开阔视野,丰富道德认知。同时,阅读经典道德著作和当代伦理学文章,有助于建立起全面、系统的道德认知框架。面对日常生活中的道德困境,应该运用所学理论进行分析和判断,从而做出符合道德标准的行为选择。在信息爆炸的时代,大学生还需要具备分辨信息真伪的能力,避免虚假或误导性的信息影响自己的道德判断。

（三）培养积极的道德情感

积极的道德情感是促使个体自觉践行道德行为的重要动力。大学生应通过参与各种公益活动和志愿服务，体验助人带来的内心满足和愉悦，从而培养出善良、同情、责任感等积极的道德情感。观看具有深刻道德意义的影视作品，阅读感人至深的道德故事，也能唤起内心的道德共鸣。与他人交流分享道德感悟，能够加深对道德情感的理解和认同。在日常生活中，应注重小事中的道德实践，如帮助有需要的人、关爱环境等，通过这些具体的行动，逐步形成稳定而持久的积极道德情感，为未来的道德行为奠定坚实的情感基础。

（四）增强道德行为能力

面对复杂多变的社会环境，大学生需要具备在不同情境中做出道德判断并付诸行动的能力。这种能力的培养可以通过情景模拟、角色扮演等方式进行训练，帮助学生在安全的环境中练习应对道德挑战的策略。参与各种社会实践活动，特别是那些需要面对道德困境的工作，如社区服务、公益项目等，有助于学生在真实环境中锻炼道德决策能力。在实际行动中，不仅要遵守法律法规，更要注重遵循内心的道德准则。大学生应经常反思和评估自己的道德行为，通过总结经验和教训，不断提高道德行为的有效性和一致性。在群体生活中，积极承担责任，努力成为道德榜样，影响和带动身边的人共同进步。

第四章　大学生法治素养的构成及培育

第一节　大学生法治素养的内涵

一、法治素养与相关范畴的区别和联系

（一）法律信仰、法治信仰与法治素养

1. 法律信仰的核心是对法律制度的尊重和遵从

法律信仰是指个体对法律制度的尊重、认同和遵从。这种信仰源于对法律权威和公正性的信任，以及对法律在社会秩序中的重要作用的理解。法律信仰强调个体自觉遵守法律，视法律为行为的最高准则，并在日常生活中自觉维护法律的权威。与法治素养相比，法律信仰更侧重于个体对现有法律体系的态度和情感认同，是法治素养的重要组成部分，但不等同于法治素养。法治素养不仅包括对法律的信仰，还包括对法律知识的掌握和对法律实践的参与。

2. 法治信仰超越个体法律信仰，追求制度正义和社会公平

法治信仰不仅仅是对具体法律条文的信任和遵从，更强调对法治理念和原则的信仰。这种信仰追求制度的正义性和社会的公平性，认为法律不仅应当维护社会秩序，更应体现和保障社会的公平正义。法治信仰要求个体对法律体系有全面的理解和深刻的信念，认同法治作为社会治理的基本原则和制度安排。在法治信仰的框架下，个体不仅要遵守法律，还要积极参与到法治建设和监督中，推动法律制度的完善和公正实现。法治信仰的深度和广度决定了其在法治素养中的核心地位。

3. 法治素养是法律信仰和法治信仰的综合体现

法治素养是指个体在法律信仰和法治信仰的基础上，综合掌握法律知识、法律技能，并具备运用法律解决问题的能力和素质。法治素养不仅包括对法律制度的尊重和遵从，还包括对法治理念的认同和践行，以及在实际生活中通过法律手段维护自身权利和公共利益的能力。法治素养的培养需要通过系统的法律教育、实践和反思，使个体不仅具备法律知识，还能在具体情境中正确运用法律，做到知法、守法、用法、护法。个体通过对法律信仰和法治信仰的深入理解和结合，全面体现和提升其法治素养。

（二）法治观念与法治素养

严存生教授指出，法治观念指的是人们内心对法治的设想，指对法治是什么和法治具有什么价值的认识，以及在此基础上人于内心积淀而成的观念。法治观念是对法治精神追求的概括象征，是指导人们进行法治实践的思想基础、基本原则和价值追求，关乎对法的态度和对法律的信仰程度。法治观念不是一成不变的，它应当随着相关理论和社会现实的发展而不断丰富完善，实现对前一阶段内容的"扬弃"。就目前的情况来说，它应该是一个容纳多种内涵的多面体，既有对宪法和其他法律观念的遵守，又有对权利与责任的认识，也包含了民主参与和平等意识等综合素质。

法治观念的基础是人们对法律的学习与理解。提高法治素养必须"尊法"、"学法"、"守法"和"用法"，树立法治观念，掌握法治观念的基本原则，可以说法治观念是养成法治素养的基石，但法治素养不仅仅是学习法律知识，更重要的是把法律知识融会贯通之后付诸实践，这是它们的根本不同。

（三）法治思维与法治素养

1. 法治思维的核心在于理性分析和法律逻辑的应用

法治思维是一种基于法律原则和规则进行理性分析和判断的思维方式。它要求个体在面对复杂的社会问题时，能够运用法律逻辑进行分析，避免主观偏见和情绪化的判断。法治思维强调通过法律手段解决争端，遵循程序正义，确保决策的公正性和合法性。在实际操作中，法治思维要求个体能够从法律角度出发，审视问题的本质，运用法律条文和法规进行解释和推理，从而得出合理合法的结论。这种思维方式是法治素养的重要组成部分，因为它为个体提供了法律框架下的理性工具和方法。

2. 法治思维的培养需要系统的法律教育和实践

培养法治思维不仅需要理论知识的积累，更需要实践中的不断锻炼。大学生应通过系统的法律课程学习，掌握基本的法律知识和理论，理解法律背后的原理和逻辑。同时，参与法律实务活动，如模拟法庭、法律诊所、实习等，能够帮助学生在实际操作中应用所学知识，培养法治思维的敏锐性和准确性。此外，通过对典型法律案例的分析和讨论，学生可以学习如何从法治角度看待和处理问题，增强法律思维能力。法治思维的培养过程是一个不断积累和深化的过程，需要理论与实践的紧密结合。

3. 法治素养是法治思维的全面发展和具体体现

法治素养不仅包含法治思维，还涵盖法律知识、法律技能以及法律信仰的综合素质。法治思维作为法治素养的重要组成部分，为个体提供了法律分析和判断的思维框架，使其能够在复杂多变的社会环境中做出合法合理的决策。而法治素养则是这种思维的全面发展和具体体现，它不仅要求个体具备法律思维能力，还需要其能够实际运用法律知识解决问题，维护自身和他人的合法权益。通过系统的法律教育和实践，大学生能够在具备法治思维的基础上，不断提升自身的法治素养，从而在社会生活中更好地履行公民责任和义务。

（四）法律素养与法治素养

法律素养，既要求人们拥有相关的法律知识，也要求人们形成尊重法律的心理，更要求人们拥有运用法律知识的能力。法律素养也强调实践性，强调民众利用法律来处理问题。简单来说，法律素养就是人们对法律知识的理解、态度和运用。它最起码的要求是民众对法律知识的学习和理解，并在此基础之上形成一种法治思维和法律信仰。法律素养应该包括以下几个方面：①对于法律文化有一定的积累，理解传统，并具有历史意识。②对于法的意义、价值和社会的发展与秩序有着深切的关注。③珍视法的完整性，反对对法的肢解与割裂；承认并自觉守护法的至上性。④能够自觉地守护和践履社会的核心价值，诸如公平和正义。具体到本研究关注的领域，大学生法律素养是对大学生掌握法律知识、增强法律意识、运用法律能力的统称。

法律素养和法治素养的概念颇为相似，它们都强调法律的实践性，即强调人们运用法律来解决现实生活中遇到的问题。但两者也有不小的差别，相较而言，法治素养更强调对法律的尊重和信仰。

就社会个体而言，法治素养主要表现为对基本法律知识的掌握和在日常生活中的运用，这实际上是一个由浅入深的过程，是不断培养法律意识的过程。这个过程以对法律知识的学习和掌握为起始，以法治思维和理念的形成为进阶。从集体角度来说，法治素养还应当包括公民对国家法律制度的态度。当然，这种态度需要经过对法律知识的学习、理解和实践，并在此基础上对国家法律制度以及制度背后的价值取向有所了解。

对于大学生群体来说，他们正处于从高校向社会过渡的关键时期，法治素养的培养对他们来说尤为重要。大学生法治素养的培育主要通过法治教育来实现，内容包括法律知识的学习和法治实践的参与。这一过程应当是一个知行合一的过程，是大学生价值观培育中极为重要的一环。在大学生的日常学习生活中，法治素养的培养更强调通过法律知识的学习来加深对法律本质的理解，进而形成法治思维。这种思维能够帮助大学生理性地分析和处理生活中遇到的问题，明确自己的权利和义务，做出符合法律和道德的选择。

然而，以往的学术研究对"法治素养"的关注往往集中在法律知识的学习和运用上，而没有充分结合法治素养与法治观念、法律信仰、法治思维以及法律素养之间的联系和区别。这种研究视角在一定程度上限制了对法治素养全面理解的深度和广度。未来的研究应当更加注重这些概念之间的相互关系，以及它们在个体和社会层面上的综合作用，以促进法治素养的全面培养和发展。

二、对"法治素养"概念的考察

(一)"法治素养"概念的初步成形

在新形势、新任务、新要求的背景下,大学生的法治观培育面临新的挑战,法治素养也成为一个备受关注的话题,相关概念逐渐成形。从现实情况来看,大学生整体法律素质不高,对法律的认识相对片面,法治观念模糊,法律运用能力不强。此外,法治教育效果不尽如人意,教育目标定位不明确、内容片面、教学形式单一等问题普遍存在。"思想道德与法治"课程作为培养大学生法治素养的重要渠道,在教学准备、内容设计和考评方面都亟须改进。

作为高等教育的前沿阵地,高校不仅肩负着普及法律知识的任务,还需营造良好的法治文化氛围。大学生是高校教育的主要对象,对他们法治素养的培养应以课程引导为主,鼓励他们主动发现问题并理性思考分析。大学生的法治观念与契约精神息息相关,两者相互促进。在培育过程中,教育主管部门应发挥监督和指导作用。高校中的"大思政课"体系相对成熟,与法治素养关联密切,具有明显的优势。具体内容不应局限于法律基础知识,还需结合风险社会理论,从自律、价值观形成、法治教育课程以及群体理性秩序形成等多个路径,对大学生进行法治思维培育。针对思想政治课程中存在的问题,可以从完善课堂教学内容、建立强有力的法治教学队伍、充分利用网络信息技术这三个角度优化法治素养的培育。

培育法治素养还需结合大学生自身的迫切需求,例如创业是大学生面临的重要挑战,高校可以通过创业法律知识培训,为大学生创业提供法律保障。当前初步成形的法治素养概念主要源于以往的教育经验,对当前社会的新发展反映不足。例如,在自媒体环境下,大学生的法治教育面临新的问题。自媒体的开放性导致信息质量参差不齐,裹挟着社会错误思潮,对大学生产生不良影响;自媒体的平等性模糊了法律规定的边界;自媒体管理尚不完善,无法有效治理负面信息泛滥的局面。网络的高度发达使得包括大学生在内的社会群体丧失了理性思考能力,对网络高度依赖。同时,互联网的虚拟性带来虚拟自由的泛滥,使得民众对网络法规的监管产生不适应。大学生群体尚未真正步入社会,生活经验不足,无法有效应对个人信息泄露、网络电信诈骗等风险。这些问题为高校大学生法治素养的培育提出了新的难题和任务。信息化是"互联网+"时代大学生法治素养培育的最大特色，同时也是一项重要的机遇和挑战。

（二）"大学生法治素养"内涵在宏观层面上的丰富

1. 法治素养作为公民素质的重要组成部分，体现了现代社会对个体法律意识和法律能力的基本要求

在现代法治社会中，法治素养不仅是个人行为规范的重要保障，更是社会和谐和国家稳定的重要基础。法治素养不仅包含对法律的基本认知和理解，还要求个体具备运用法律解决实际问题的能力。对于大学生而言，具备良好的法治素养，不仅有助于其在未来职业生涯中遵守法律规范、履行法律责任，更能在日常生活中树立正确的法律意识，成为社会法治建设的积极参与者和推动者。在这个层面上，大学生法治素养的提升不仅关系到个人的成长和发展，更直接影响到社会的法治化进程和国家的法治建设。

2. 法治素养的培养需要系统的法律教育与广泛的社会实践相结合，以确保知识与实践的有机统一

单纯的法律知识传授并不足以全面提升大学生的法治素养，必须将理论与实践相结合，通过多种形式的教育和活动，使学生在真实的情境中应用所学知识。高校应开设系统的法律课程，涵盖宪法、民法、刑法等各个领域，帮助学生建立全面的法律知识体系。同时，通过模拟法庭、法律诊所、社会实践等活动，学生能够在真实或模拟的法律情境中进行实践，提升法律应用能力和实践技能。法治素养的培养还应注重学生的社会责任感和公共参与意识，鼓励学生积极参与法律援助、社区服务等社会活动，从而在服务社会的过程中深化对法律的理解和认同。

3. 法治素养不仅是个人能力的体现，更是社会价值观的具体表达，反映了社会对法律至上和公平正义的追求

在宏观层面上，法治素养的内涵不仅关乎个人的法律能力和素质，更承载着

社会的价值观和道德理念。大学生法治素养的提升，既是对个体法律素质的要求，也是对社会法治环境和法治文化的呼唤。通过法治素养的培养，学生能够更好地理解和践行法律至上、公平正义等基本法治原则，形成正确的法律观念和价值取向。法治素养的培养过程，也是社会法治文化建设的重要组成部分，只有当个体具备了良好的法治素养，整个社会的法治水平才能得到提升，法治精神才能真正深入人心，推动社会的进步和发展。在这个意义上，大学生法治素养的内涵不仅是个人素质的体现，更是社会文明程度的重要标志。

（三）"大学生法治素养"内涵在微观层面上的细化

1. 系统掌握法律知识

全面系统地学习宪法、民法、刑法等基础法律，以及国际法、行政法等专业领域的知识，是提升法治素养的关键。法律知识的学习不仅仅是对条文的背诵，更需要理解法律背后的理念、逻辑和历史发展脉络。大学生应通过阅读法律文献、参与法律课程和研讨会，逐步建立起系统的法律知识体系。这样的知识体系不仅能够帮助大学生在法律事务中做出准确判断，还能培养其法律思维能力和分析能力，为其在职业生涯中的发展打下坚实基础。

2. 培养法律思维能力

法律思维要求个体能够运用法律逻辑和法律原则进行分析和推理，具备独立思考和解决法律问题的能力。这种能力不仅要求对法律条文的理解和运用，还需要通过法律案例分析、法律辩论等活动，培养批判性思维和逻辑推理能力。法律思维能力的培养应贯穿于整个法律学习过程，通过不断的思维训练和实践操作，使学生能够在面对复杂的法律问题时，从容应对，做出符合法律原则和公正要求的决策。

3. 提升法律实践技能

大学生应在法律学习过程中注重实践技能的培养，掌握法律调研、法律写作、法律辩论等实务技能。通过参与法律实习、模拟法庭等实践活动，学生能够将理论知识应用于实际操作中，提升自己的实践能力和应对复杂法律事务的能力。法律实践技能的提升不仅仅是对书本知识的验证，更是对法律逻辑和法律思维的深度运用。通过不断实践训练，大学生可以在真实的法律情境中磨炼自己的技能，逐步成为具备高水平法治素养的人才。

4. 强化法律信仰和道德认同

大学生应在法律学习过程中，逐步树立对法律权威和法律公正的信仰，理解法律在维护社会秩序和公平正义中的重要作用。法律信仰不仅是对法律条文的尊重，更是对法律精神和价值观的内心认同。通过深入学习法律哲学和法理学，理解法律的道德基础和社会功能，大学生能够形成对法律的深刻认同，并在实际生活中自觉遵守和维护法律。同时，法律信仰和道德认同还要求大学生具备高度的社会责任感，积极参与法治建设，为社会的公平正义贡献自己的力量。通过这样的精神内化，大学生的法治素养将得到全面而深刻的提升。

就目前的情况来看，对法治素养培育的认识逐渐朝细化的方向发展。虽然不乏宏观上的理解，但更多时候我们关注更为具体的问题，或是对概念的辨析与拓展，或是对某一类高校、某一类学生群体的探讨，又或是具体到某门课程的设置与安排。同时，我们也紧跟社会的发展，敏锐地发现新形势下的新问题。需要注意的是，法治素养培育的研究在不断深入、论文数量不断增加的同时，也开始呈现出"千篇一律"的弊端。例如，许多研究最后给出的措施总是相似的几条，人云亦云，停留在低水平的重复上。还有一些研究对问题的探讨浅尝辄止，并不深入。例如很多文章都提到要提高教师队伍法治素养，但在具体的措施上，观点乏善可陈，具体操作起来仍旧十分令人迷茫。因此可以预见，法治素养培育方面的研究，仍需要不断细化，在已有的基础上充实相关的理论。

三、大学生法治素养概念界定

（一）大学生法治素养的要素

素养，《辞海》解释为"平素所豢养"。素养并非先天所得，乃是后天经由环境熏陶而来，是人在先天生理的基础上，后天通过环境影响和教育训练所获得的、内在的、相对稳定的、长期发挥作用的身心特征及其基本品质结构。"素养"

体现为在新的动态情境中迁移和使用知识与技能解决复杂问题的能力，这种能力的发展由经验驱动，受情境影响。关于素养的构成维度，素养是知识（knowledge）、技能（skill）、态度（attitude）的超越和统整，是一整套可以被观察、教授、习得和测量的行为。

法治素养是公民适应社会生活的必备素养，是法治在个人日常生活中的具体实践和表现。所谓"法治素养"的要求是在知法守法上做到知行合一，既要掌握法律知识又要践行法治精神。

（二）大学生法治素养的结构

法律知识、法治思维、法治信仰、法治精神、法治能力和法治行为，构成了大学生法治素养的六个基本要素。

需要注意的是，这六者之间相互依存、相辅相成。丰富的法律知识为各项能力要求的基础，只有具备了丰富的法律知识才可能建立严谨的法治思维。具备了丰富的法律知识后，在严谨的法治思维的影响下，大学生才能逐步具备健全的法治能力，在法治能力健全的基础上树立健全的法治精神、坚定的法治信仰，从而达到自觉践行社会主义法治行为的要求。

1. 法律知识

法律知识是大学生法治素养的基石，它涵盖了对法律体系的全面了解和深入理解。大学生需要系统学习宪法、民法、刑法、行政法等各类法律，掌握法律的基本概念、原则和条文。在此基础上，还需要了解法律的历史演变和不同法律体系的特点，以便在多元法律环境中做出正确判断。此外，法律知识还包括对国际法和比较法的认识，了解全球法律发展的趋势和各国法律的差异。这种全面的法律知识体系不仅有助于大学生在理论层面理解法律，更能在实际操作中指导其法律实践。通过深入学习，大学生能够形成扎实的法律基础，为其未来的职业生涯奠定坚实基础。

2. 法治思维

法治思维是大学生在法律学习和实践中形成的一种理性思考方式，它要求学生能够在法律框架内进行逻辑推理和分析。法治思维不仅要求对法律条文的记忆，更强调对法律精神的理解和运用。培养法治思维需要长期的训练和积累，通过对经典法律案例的研究和法律理论的探讨，大学生能够逐步掌握法律思维的基本方法和技巧。法治思维强调严谨的逻辑和公正的判断，要求学生在面对复杂的法律问题时，能够通过理性分析找到最符合法律精神的解决方案。这种思维方式不仅有助于提高学生的法律分析能力，更能培养其独立思考和判断的能力，使其在职业生涯中能够应对各种挑战。

3. 法治信仰

只有公民树立坚定的社会主义法治信仰，法律才有可能在社会中真正发挥应有的作用。在高校阶段，大学生看待事物的角度日益成熟、理性。在高校时期建立学生的法治信仰，扣好人生的第一粒扣子，在真正步入社会之前就让法治信仰在其心中生根发芽，对其今后的成长发展有所助益。大学生群体应该在成长成才的关键时期接受全面的法治教育，树立坚定的法治信仰，从根本上提升个人法治素养，成为中国特色社会主义法治社会建设的中坚力量。

4. 法治精神

足够的精神准备是良好法律被接受的前提。"尊学守用"是有机整体，尊法是前提条件，必须把着力培育法治精神放在第一位。法治精神是树立法律信仰后的产物，大学生不仅要"尊学"，更要能"守用"。在优秀法治文化的感召下，大学生能够自觉遵守、共同捍卫社会主义法治。法治精神强调规则意识，大学生不仅心中有规则，更要用行动守规则。一旦没有健全的法治精神，大学生法治素养的培育只能是空中楼阁。可以说，青年的法律素养决定了未来整个社会的法律素养，让尊法守法成为当代青年共同追求和自觉行动，使青年都成为社会主义法治的忠实崇尚者、自觉遵守者、坚定捍卫者。在大学生群体中把健全的法治精神作为价值目标，将是助力中国梦实现的强有力的精神支撑。

5. 法治能力

法治能力是大学生将所学法律知识和法治思维应用于实际问题的综合素质。它包括法律实践能力、法律沟通能力和法律创新能力。大学生需要通过实际操作，将理论知识转化为实践技能，例如起草法律文书、进行法律调研和参与法律辩论等。法律沟通能力则要求学生能够清晰、准确地表达法律观点，善于与不同的法律主体进行交流和沟通。法律创新能力则要求学生在法律框架内进行创造性思考，提出新颖的法律解决方案。通过不断实践和锻炼，大学生的法治能力将得到全面提升，使其在面对复杂法律事务时，能够运用法律手段有效解决问题，维护自身和他人的合法权益。

6. 法治行为

法治行为是大学生在实际生活和学习中自觉遵守法律和维护法律权威的具体表现。它体现了个人对法律的认同和尊重，以及在日常行为中的法律意识和法治精神。大学生应在日常生活中严格遵守法律法规，做一个守法公民。同时，法治行为还要求大学生能够在法律受到挑战时，勇于站出来维护法律权威，捍卫社会的公平正义。在职业生涯中，法治行为体现在对法律职业道德的严格遵守，保持职业操守和诚信。通过培养良好的法治行为，大学生不仅能够提升自身的法律素养，更能为社会的法治建设贡献力量，推动社会的进步和发展。

（三）大学生法治素养的双重属性

大学生的法治素养经过培育和个人的修炼，逐渐形成一种稳定的品质结构，这个品质结构具有内在性与外化性的双重属性。其中，内在性强调有意识地认知法律、适用法律；外在性注重物质层面上对法治的行为表现。内在性强调对法律的信仰，与更强调记忆法律的知识性相比，内在性增加了认识主体的思维创造过程，即对法律知识的提炼、加工与整合，最终达至对法律的认同；实践性强调对法律有意识的践行，与外化性注重凸显运用法律不同，外化性比前者更加抽象，综合了知识性与实践性，是历经无数次对法律知识的实践后固化成的对法律的自觉遵守。

内在性是指大学生从内心对法律与法治权威性的确信与尊重。法治素养是将法律视为定分止争、调整利益分配和体现公平正义的重要手段，是发自内心地将法律视为人类理性的典范与最高的信条，尊重法律的权威。法治素养的内在性主要体现为对法治文化的塑造，使法治的精神、思维和方式融入人们的生活，让法治成为人们的生活方式，让人们形成一定的思辨和理解能力。大学生经过系统的法治教育和法治实践体验，更有利于形成对彰显理性的法律的信仰，在内心树立对法律与法治权威的尊重。

法治不仅在我们的心中，更应体现在日常生活的一举一动中，贯穿每个人的一生。外化性是指大学生法治素养在行为上具有一定的表现力。大学生法治素养的外化性是在其内在性的基础上以行为表现出来的对法律的遵从。法治应包含两种意义：已成立的法律获得普遍的服从，而大家服从的法律本身又是制定良好的法律。此处的前一种含义就是对法治素养外化性的重要演绎。具体而言，人们对法律会形成内化于心的认识，并指导自身的行为，从而体现对法律的信仰和服从，这一过程往往是春风化雨般展开的，例如：主动拒绝"中国式"过马路，在红灯前自觉停步；面对诈骗，能快速对其进行识别与应对；等等。

大学生法治素养的高低，不仅影响国家和民族的未来发展，更与大学生的日常生活密切相关。大学生法治素养构成要素之间相辅相成，在实践过程中不断提升，大学生逐步积累法律知识，学会运用法治思维解决问题，在社会生活中提升法治能力，树立法治精神、法治信仰，形成自觉践行社会主义法治的行为表现。

第二节　大学生法治素养培育的特征与功能

一、大学生法治素养培育的特征

随着社会信息化的加速推进、网络的广泛普及以及文化多元化的快速发展，大学生个体法治意识不断增强，其法治素养的培育特征趋向多样化与复杂化。大学生法治素养培育的特征主要有以下几个方面。

（一）基础性与先导性

法治素养不仅涉及对法律知识的理解和掌握，更包括法律思维、法律能力和法律行为的综合培养。这种基础性要求在教育的初始阶段就要开始系统的法律教育，使学生具备基本的法律知识和法律意识，从而为其后续的专业学习和职业发展奠定坚实的基础。法治素养的先导性则表现在其对学生其他素质和能力培养的引导和带动作用。法律作为社会规范的基础，其学习和实践能够培养学生的逻辑思维、批判性思维和独立判断能力，这些能力对学生在其他学科领域的学习和实践具有重要的促进作用。此外，法治素养的培育有助于学生形成正确的价值观和世界观，增强社会责任感和公民意识。这种先导性作用不仅体现在个体成长层面，更在于其对社会整体法治文化和法治环境的建设起到积极的推动作用。在全球化和信息化迅速发展的今天，大学生法治素养的基础性与先导性特征愈发明显，法治教育应当与时俱进，不断创新教育模式和内容，确保大学生能够在复杂多变的社会环境中保持法律信仰，践行法律精神。

（二）知识性与实践性

大学生法治素养的培育需要在知识性与实践性之间取得平衡，才能全面提升学生的法律素质和能力。法治素养的知识性体现在系统的法律知识学习上。大学生需要通过课堂教学、法律文献阅读以及学术研究，深入理解和掌握宪法、民法、刑法、行政法等各类法律条文和法律原则。法律知识的积累不仅仅是对法律条文的熟记，更重要的是理解法律背后的逻辑和理念，掌握法律体系的结构和运行机制。这种系统的知识学习，有助于学生建立起扎实的法律基础，提升其法律认知水平和理论素养。

实践性要求大学生在真实的法律环境中应用所学知识，锻炼法律技能和法律思维。通过参与法律实习、模拟法庭、法律援助等实践活动，大学生可以在具体的法律事务中锻炼解决问题的能力，理解法律在实际操作中的具体应用。实践性教育不仅培养学生的法律应用能力，还可以增强其应对复杂法律问题的信心和独立处理能力。在实际操作中，学生能够体验到法律的实际效果和社会影响，从而深化对法律条文和原则的理解，形成真正的法律素养。

知识性与实践性的结合不仅提高了大学生的法律素质，也推动了其综合能力的发展。通过知识学习和实践操作的双重培养，大学生不仅能够掌握法律知识，还能运用法律思维分析和解决实际问题，真正做到知行合一。这种综合能力的培养，不仅有助于学生在未来职业中的成功，也为其在其他社会领域的发展打下坚实的基础。此外，法治素养的知识性与实践性还要求教育模式和内容的不断创新。高校在法治教育中应注重教学方法的多样化，结合案例教学、模拟法庭、实地调研等多种形式，提高学生的学习兴趣和参与度。高校通过构建多层次、多维度的法律教育体系，确保知识性与实践性的有机结合，使学生在理论和实践中都能获得全面发展。大学生法治素养的培育，必须在知识性和实践性之间找到平衡，通过全面系统的知识学习和丰富多样的实践活动，真正实现大学生法律素养的全面提升。

（三）统一性与差异性

统一性是指大学生法治素养的培育在不同群体上具有一些共同的特征，既具有共同的优势，也具有一些共同的缺点。具体来说，大学生群体的优势是在整体上具备较高的法治素养。大学生理解能力较强，且不缺乏积极进取、勤于躬行的态度。故此，大学生法治素养的普遍性体现在其整体上拥有较高的水平。但是，大学生群体也有一些共同的缺点，这些导致大学生的法治素养状况并不乐观。有学者专门总结了当前大学生法治素养不足的表现：具体法律知识理解不足、法律权利与法律义务认知错位以及法律理论知识和实际运用存在差距。这几点在不同学历层次、不同年级的大学生中都有程度不一的体现。

差异性是因专业、院校、受教育程度和地域等因素不同，大学生法治素养培育状况存在不同程度的差异。个人对法治的理解程度不同，其法治素养高低自然不同。首先是专业差异，法学专业的学生，在法律知识积累、法学理论学习、法律问题思考和法学知识实践等方面都相对高于非法学专业的大学生。其次是院校差异，政法类院校的大学生受主流专业氛围的影响，有更多机会接触法律甚至转到法学专业，而理工科院校的大学生则相对缺少此种氛围与机会，其对法律的认知相对较少，法治素养整体上也会低于政法类院校的大学生。再次是不同教育阶段的差异，高校新生和毕业生、本科生和研究生，他们都处于不同的教育阶段，对法律的认识与理解也有高低之分，一般而言，毕业生和研究生的法治素养更高。最后是地域差异，我国幅员辽阔，不同地区社会发展状况不同，在偏远的边疆地区或欠发达的山区，经济、教育和交通比较落后，该区域的大学生相较于经济发达地区大学生更缺乏法律学习和实践的机会，其法治素养相对会较低。

大学生法治素养培育的统一性与差异性既对立又统一。统一性即大学生法治素养培育具有共同特点、覆盖全体大学生。差异性则针对不同群体大学生以及个体的情况，二者都统一于大学生的法治素养中。统一性与差异性要求在培育和提升大学生整体法治素养的同时，应具体问题具体分析，对特定大学生群体进行有针对性、实效性的培育，以实现良好的培育成效。

（四）历史性与时代性

历史性强调法治教育的传统和基础。法律的发展有其悠久的历史和深厚的文化背景，法治素养的培养应当尊重并传承这些传统文化。大学生需要了解法律的发展历程，理解法律制度和法律文化的演变过程。通过学习法律史，学生能够深刻认识到法律在社会发展中的重要作用，理解法治理念的起源和演变，从而在思想深处形成对法治的尊重和认同。历史性教育帮助学生在面对法律问题时，能够从历史的视角出发，分析问题的根源和背景，做出更加理性和深刻的判断。

时代性要求法治教育紧跟时代发展的步伐，适应现代社会的需求和变化。现代社会的快速发展和变化对法律提出了新的挑战和要求，法治教育必须与时俱进，及时更新和调整教育内容和方法。大学生法治素养的培养应关注当代法律问题和法律实践，了解最新的法律动态和司法解释，掌握前沿的法律知识和技能。时代性还体现在对新兴领域的关注，如网络法、环境法和国际法等，通过对这些领域的学习，学生能够适应和应对现代社会中复杂多变的法律环境。

结合历史性和时代性，法治教育应当在传统与创新之间找到平衡。一方面，要传承和弘扬法治的传统价值和理念，培养学生对法律的敬畏和尊重；另一方面，要创新教育内容和方法，使其能够适应现代社会的需求，培养学生的创新能力和应变能力。历史性和时代性的结合，使法治教育既有深厚的文化底蕴，又充满时代的活力，为大学生的全面发展提供了坚实的基础和广阔的空间。

在实际操作中，法治教育的历史性与时代性可以通过多种途径实现。例如，结合经典法律案例和当代法律热点问题进行教学，使学生在学习传统法律知识的同时，能够了解和思考现代法律实践中的新问题和新挑战。这种结合不仅丰富了教学内容，也提升了学生的学习兴趣和积极性。通过历史性与时代性的有机融合，大学生的法治素养将得到全面提升，既能够传承法律传统文化，又能够创新法律实践，成为适应时代需求的人才。

二、大学生法治素养培育的功能

法治素养培育的目的是培养具备扎实法律知识、较高法治意识、良好法治思维、较强法治实践能力的大学生，进而实现大学生的德法兼修、全面发展。大学生法治素养从内涵上集中体现为大学生对法律知识的掌握程度，不仅能促进大学生个体的全面发展，而且能作用于法治实践，从而转化为外在力量助推全面依法治国的建设。因此，大学生法治素养作为指引和规范大学生行动的精神指南，是大学生维护正当权益、促成德法兼修，从而促进自身全面发展的内生动力，是推动法治国家建设的重要基础，是实现良法善治的重要方面。

（一）维护正当权益

法治素养的培育在于使大学生能够有效维护自己的正当权益，这是个人在社会中安身立命的重要保障。具备法治素养的大学生能够通过法律手段，识别和应对各种可能的权益侵害，依法保护自身的合法利益。这不仅体现在日常生活的细节中，更涉及其在学习、生活和社会参与等多个方面的权利维护。深厚的法律知识和法律思维能力，使得大学生在面对复杂法律问题时，能够冷静分析，运用法律条文和法律程序，寻求合法、公正的解决途径。通过法治素养的培育，大学生不仅能够增强自我保护意识，还能在权益受到侵害时，合理、合法地采取行动，维护自己的正当权益。法治素养的提升，实际上是对大学生法律信任感和法律运用能力的培养，使其在权利保护方面更加自信和坚定。

（二）保障全面发展

法治素养的培育不仅关乎个体权利的保护，更是保障大学生全面发展的重要基础。法律不仅仅是规制行为的工具，更是规范社会秩序、促进公平正义的基石。在法治社会中，个体的发展不仅需要自由和权利的保障，更需要法律的引导和规范。通过法治素养的培养，大学生能够在理解和遵守法律的基础上，追求自我实现和全面发展。法治教育不仅教会他们如何依法行事，更培养他们的社会责任感和公共精神，使其在个人发展与社会进步之间找到平衡。深厚的法律素养，使得大学生在面临各种选择时，能够做出符合道德和法律要求的决策，提升其在社会中的影响力和领导力。法治素养的培养，不仅为大学生提供了实现个人目标的法律保障，也为其全面发展注入了持久动力，使其在未来的职业生涯和社会生活中，能够发挥更大的作用和价值。通过系统的法治教育，大学生不仅具备了法律知识和技能，更具备了道德判断和社会担当，从而在实现个人梦想的同时，积极推动社会的进步和发展。

（三）推动法治建设

法治素养是现代法治建设的精神动力，法治建设的进程也是法治素养逐步深入民心的过程。大学生法治素养关系到全面依法治国进程的推进。只有高质量开展大学生法治素养培育工作，才能激发每一位大学生对法律的尊重和认同，从而使法律在大学生群体中获得影响力和感召力，从而推动法治校园、法治社会乃至法治国家建设。

大学生法治素养的培育，既能促进大学生个人法治活动的能动性及自身全面发展，也能为推进国家的法治建设提供强有力的支撑。大学生法治素养的培育能够逐步让大学生拥有社会正义观和正确的价值判断，并能将这种价值判断转化为现实的行动规范。以法治素养作为导引，大学生群体本着对法律的认同，自觉做到尊法、学法、守法、用法和遵守社会道德的相关要求，使法律深入人心，进而推动形成和谐有序的社会秩序，助力全面依法治国建设。同时，大学生接受高等教育，是最有朝气活力的一个群体。大学生的法治素养往往反映着一个社会整体法治素养的高低，预示着社会整体法治素养的发展方向。因此，大学生法治素养培育的功能还在于引领社会不同群体法治素养的培育提高，为公民法治素养的整体提升提供知识上的普及、方法上的借鉴、方向上的指导。

意识在任何时候都只能是被意识到了的存在，而人们的存在就是他们的现实生活过程。大学生的法治素养源于大学生对法律法规的理解和掌握、源于大学生对法治实践的经验总结，但同时也作用于大学生自身的成长发展和其所生活的法治中国。大学生法治素养培育的功能，首先在于维护大学生自身正当权益，保护大学生自身正当权益不受侵犯。因此，法治素养培育的功能也在于推动大学生成为"德法兼修"的高素质人才。同时,法治素养在诸多素养中居于核心地位,大学生法治素养培育的功能还在于促进大学生的全面发展。大学生法治素养的三个功能环环相扣,从个人到集体,根本指向是推进全面依法治国建设。

概言之,大学生法治素养培育的功能在于,让大学生的内心中具有最高效力的"法律",以其指导和规范个体参与社会的各种法律行为,带动和促进自身全面发展。大学生法治素养培育的功能作用于当下乃至未来法治中国建设的深入推进。

第三节 大学生法治素养培育的工作目标与体系

一、大学生法治素养培育工作的主要目标

大学生法治素养培育工作要以促进大学生德法兼修为目标,以建立完善大学生法治素养培育体制机制为保障,聚焦全面提升大学生法治素养培育质量。在培育大学生法治素养的过程中,必须明确培育工作目标。依据培育目标,构建与之相适应的体制机制,在法治知识学习中培育法治素养,在法治文化环境中熏陶法治素养,在法治实践环节中落实法治行动。让高校专业的法学学科为法治素养培育提供保障,让法律课堂成为法治素养培育的前沿,让法治教材成为法治素养培育的依托,让依法治校的治理和服务体系为法治素养培育创造环境。以明确的目标为大学生法治素养的培育提供方向指引,从宣传法律知识向形成法治思维、确立法治信仰等方面转变,构建好现阶段大学生法治素养培育路径,纠正培育中存在的错误倾向,进而培育新时代高素质法治人才,推动形成法治素养培育的新格局。

(一)内容更加完善

大学生法治素养培育的内容供给决定了实际教育效果,如果提供的内容不契合大学生的发展特点和方向,培育的针对性和实效性就会大打折扣。这就需要首

先在供给侧下功夫，把教材编好、把课教好、把网建好，开展更高质量的普法活动，让学生接受更加丰富的法治实践锤炼，进而坚定社会主义法治文化自信。

1. 把教材编好，提高教材质量

编写高质量的法律教材是提升大学生法治素养的基础工作。这不是仅将法律条文和理论简单地编纂成册，而是需要将复杂的法律概念和原则系统化、条理化，并且以学生易于理解和掌握的方式呈现出来。优秀的法律教材应当具备逻辑清晰、内容翔实、结构合理等特点，能够帮助学生在系统学习中逐步建立起全面的法律知识体系。此外，教材内容应与时俱进，涵盖最新的法律动态和司法解释，使学生不仅能掌握基础法律知识，还能了解法律的发展趋势和应用实践。通过高质量教材的引导，学生可以在学习过程中不断加深对法律的理解，提升法律素养和思维能力。

（1）内容编排科学合理

教材的内容编排必须科学合理，以确保学生能够系统地学习和掌握法律知识。教材的结构应当从基础到高级，逐步深入，既要覆盖法律的基本概念和原则，又要涉及具体的法律条文和案例分析。教材内容应当层次分明，每一章节之间要有紧密的逻辑联系，使学生在学习过程中能够循序渐进，逐步掌握法律知识的内在逻辑。科学合理的编排不仅能够提高学生的学习效率，还能增强其对法律知识的整体把握能力，培养系统的法律思维。

（2）注重实际应用

法律教材不仅要传授理论知识，还要注重实际应用能力的培养。教材应当包含大量的案例分析和实际问题解决方法，使学生在学习理论知识的同时，能够了解法律在实际生活中的应用。通过对典型案例的详细解析，学生可以学习法律思维方式和问题解决技巧，提高其实际操作能力。注重实际应用的教材，有助于学生将所学的法律知识融会贯通，提升解决实际法律问题的能力，从而为其未来的职业生涯奠定坚实基础。

（3）更新与时俱进

法律是不断发展的，教材内容也必须与时俱进，及时更新。法律教材的编写应当密切关注最新的法律动态、司法解释和立法变化，将最新的法律成果和理论研究融入教材，通过不断更新教材内容，确保学生学习到的法律知识是最新的、最全面的。与时俱进的教材不仅能够提升学生的学习兴趣，还能增强其对法律的敏锐度和前瞻性。不断更新的教材内容，有助于培养学生适应社会和法律环境变化的能力，使其在未来的职业生涯中始终保持竞争力和领先优势。

2. 把课教好，丰富教学内容

课堂教学是法治素养培育的核心环节，其质量直接关系到学生对法律知识的掌握和理解。丰富课堂教学内容，不仅需要教师具备扎实的法律知识和教学技能，还需要采用多样化的教学方法，使法律理论和实践有机结合。在课堂上，教师应注重引导学生进行深度思考，培养其批判性思维和法律分析能力。通过启发式教学，鼓励学生主动参与讨论和案例分析，激发其学习兴趣和主动性。课堂教学不仅是知识传授的过程，更是培养学生法律素养和思维方式的重要平台。

（1）启发式教学方法

启发式教学方法强调通过提问、讨论和互动，激发学生的思维和创造力。这种教学方法要求教师在讲授过程中，不是只单方面地传递知识，而是通过设问引导学生自主思考，形成自己的见解。启发式教学可以通过辩论、模拟法庭、案例分析等多种形式进行，旨在让学生在参与过程中，不断加深对法律知识的理解。教师应当设计富有挑战性的问题，引导学生在分析和讨论中，学会运用法律理论解决实际问题。这种方法不仅能提高学生的学习积极性，还能培养其独立思考和分析能力，使其更好地掌握法律知识。

（2）多元化教学内容

多元化的教学内容能够满足不同学生的学习需求，全面提升其法治素养。课堂教学应不限于法律条文和理论的讲解，还应涵盖法律实践、司法案例、法律文化等多方面内容。教师通过引入不同领域的法律实例和最新法律动态，丰富教学内容，使学生能够从多角度理解法律的实质和应用。同时，结合社会热点问题，讨论法律在现实生活中的作用和影响，增强学生的法律意识和社会责任感。多元化的教学内容，不仅能够拓宽学生的知识面，还能提高其法律思维的广度和深度，使其在法律学习过程中获得全面发展。

（3）互动式课堂设计

互动式课堂设计注重教师与学生之间的交流和互动，旨在打造一个积极、开放的学习环境。通过互动，教师能够及时了解学生的学习状况和理解水平，调整教学节奏和内容，确保每个学生都能跟上课程进度。在互动过程中，教师应鼓励学生提出问题，分享见解，参与讨论，使其成为课堂的主体。互动式课堂不仅能提高学生的参与度和学习兴趣，还能增强其表达能力和团队合作精神。通过互动，学生能够在相互交流中碰撞出思想的火花，进一步深化对法律知识的理解和应用。

3. 把网络建好，扩大法治供给

在信息化和数字化技术迅猛发展的今天，通过网络平台进行法治教育，可以大幅度扩大法治供给的覆盖面和影响力。建设优质的法治教育网络平台，提供丰富的法治资源，是满足大学生多样化学习需求的重要途径。网络平台不仅能够提供系统的法律知识，还能通过多媒体手段呈现法律案例、法律实践和法律文化，使学生能够随时随地获取所需的法律信息和学习资源，从而提升其法治素养。

（1）建立综合性法治教育平台

建立一个综合性法治教育平台，是扩大法治供给的关键。这个平台应包括法律课程、法律文献、法律案例库和互动交流区等多个模块，提供系统化、结构化的法律学习资源。通过整合各种法律资源，平台能够为大学生提供一个全面的法律学习环境，使他们能够在一个平台上完成从基础知识到高级理论的全面学习。平台还应具备搜索和导航功能，使学生能够方便快捷地找到所需的法律资料。此外，平台应定期更新内容，保持与最新法律动态同步，以确保学生学习到的知识是最新、最权威的。

（2）提供多样化的学习资源

多样化的学习资源是法治教育网络平台的重要组成部分。平台应提供文字、音频、视频等多种形式的学习材料，以满足不同学习习惯和需求的学生。例如，可以通过视频讲解和动画演示复杂的法律概念和案例，通过音频材料让学生在碎片时间进行学习，通过互动模拟和在线测试帮助学生巩固知识。同时，平台还应提供法律论坛和讨论区，鼓励学生之间以及学生与法律专家之间进行交流和讨论，形成一个互动性强、参与度高的学习社区。通过多样化的资源和互动平台，学生可以更全面地理解和掌握法律知识，提升学习效果。

（3）增强网络法治教育的互动性

平台应设计各种互动功能，如在线问答、实时讨论、模拟法庭和法律竞赛等，增强学生的参与感和互动性。通过这些互动功能，学生可以在学习过程中随时提出问题，获得教师和专家的指导和反馈，增强学习的主动性和积极性。同时，互动功能还可以模拟真实的法律情境，使学生在实践中锻炼法律思维和解决问题的能力。增强网络法治教育的互动性，不仅有助于提高学生的学习效果，还能激发其对法律学习的兴趣和热情，促进其法治素养的全面提升。

4. 把普法普好，提高普法实效

法治素养的提升离不开有效的普法工作。普法不仅是传授法律知识，更是培养法律意识和法治观念的重要手段。要实现这一目标，必须在普法内容、普法方式和普法评估上做出全面优化，确保普法工作深入人心，真正发挥实效。

（1）优化普法内容

普法工作不仅要涵盖法律条文和法规解释，还应注重法律背后的原则和理念，使学生能够理解法律的内涵和精神。内容设计应结合实际生活中的法律问题，使学生能够在具体情境中体会法律的作用和意义。通过将法律知识与学生的实际需求和生活经验相结合，普法工作可以更具针对性和实效性。此外，普法内容还应紧跟法律发展的步伐，及时更新和补充最新的法律动态和司法解释，确保学生所学的内容与时俱进。

（2）创新普法方式

传统的讲座和课堂教学虽具基础性，但单一的普法方式容易使学生产生厌倦心理。因此，教师应结合现代科技和多媒体手段，探索更多元化的普法方式，如通过模拟法庭、法律辩论、情景演练等互动形式，使学生在参与过程中加深对法律知识的理解和记忆。利用网络平台和社交媒体，开展线上线下相结合的普法活动，也能扩大普法覆盖面和影响力。同时，通过组织学生参与社会实践和法律服务活动，可以增强其对法律的感性认识和实际应用能力，达到普法与实践相结合的效果。

(3) 建立普法评估体系

建立科学的普法评估体系，是确保普法工作质量和效果的重要保障。评估体系应包括普法内容的合理性、普法方式的有效性以及普法结果的实际影响等多个方面。教师通过定期调查和反馈，了解学生对普法内容的接受程度和理解情况，及时调整和优化普法策略。此外，评估体系还应关注学生在日常生活和学习中的法律应用能力，通过具体案例和情境测试，评估其法治素养的实际提升情况。只有通过科学的评估和持续改进，普法工作才能真正落到实处，取得实效，促进大学生法治素养的全面提高。

5. 丰富法治实践，厚植法治情怀

法学学科是实践性很强的学科，法学教育要处理好知识教学和实践教学的关系。要在做好教学内容创新的基础上，整合校外法治教育资源。充分利用"大学生创新创业大赛""挑战杯"等大规模赛事的契机，让法治知识、法治文化走进赛事。组织法治实践项目参赛，在一次又一次的实践调查、志愿行动中将法治思维外化于行，锻炼法治能力，涵养法治文化。重视校园内部的文化建设，充分发挥大学生的创造力，引导大学生开展与法治文化建设相关的活动，既可以让参与者在活动中获得法律知识的启迪，接受法治文化的熏陶，又可以引领法治文化走出校园，服务社会。同时，要鼓励组织学生走出去，开展法治调查，参与法治宣传教育实践活动，在实践中涵养法治素养。组织大学生进行普法实践活动，让大学生在祖国大地上了解国情，加深对法治的理解，同时也发挥大学生法治素养的引领作用，带动社会整体法治素养水平的提高。

6. 建设法治文化，涵养法治自信

在新时代新形势的要求下，高校校园文化建设正在如火如荼地开展，校园法治文化正是其中不可或缺的重要部分。校园法治文化不仅能够让学生学到法律知识，而且能够提升大学生的道德素养。法治建设硬件设施与文化软环境是相辅相成的一体两翼，必须全面开发，拓宽法治文化传播的渠道，例如建设法治文化广场、长廊和文化墙等，打造质量过硬的法治建设氛围。对于法治文化软环境，要鼓励师生创作一批以校园法治文化为主题的文学、表演、影视等作品，扩大法治文化感染力。要充分发掘教师、朋辈等多主体的法治榜样力量，提高法治榜样的

传播力、引导力和公信力，推进法治文化入脑入心。

（二）标准更加健全

进入新时代，我国高校法治素养培育工作也在不断加强。随着高校法治教育的需求规模进一步扩大，我们的法治素养培育也越来越受重视。但实际操作过程中，依法治校的推进过程中，又暴露出种种问题，其中最为迫切的就是尚未形成科学合理的大学生法治素养培育标准规范，健全高校法治素养培育标准的重要性日益凸显。加快校园法治建设，提高大学生法治素养培育质量，必须增强标准意识和标准观念，形成可观察、可量化、可比较、可评估的工作机制，充分发挥标准的引领作用。

1. 组织领导坚强有力，培育工作机制健全

（1）明确职责分工，强化责任落实

大学生法治素养培育工作中，明确各级组织和部门的职责分工至关重要。只有在职责分工明确的前提下，才能确保各项工作有序推进，避免推诿扯皮和责任空转。高校应建立由校领导牵头、相关职能部门和学院共同参与的工作领导小组，制定详细的工作方案和任务分工表。通过明确的职责分工，每个部门和个人都能清晰地了解自己的工作内容和责任范围，从而在具体实施过程中做到心中有数、行动有力。同时，还应建立责任追究机制，对工作不力、推诿扯皮的行为进行严肃处理，以确保工作落实到位，形成上下联动、协同推进的良好局面。

（2）建立协调机制，促进资源整合

高校在法治素养培育工作中应建立健全协调机制，以促进各方资源的整合和优化配置。通过建立常态化的协调会议制度，各职能部门和学院之间可以定期交流信息，分享经验，共同解决工作中的难题。同时，协调机制还应包括与外部法律机构、司法机关、社会组织的合作，以引入更多的专业资源和社会力量参与到法治教育中来。资源整合不仅包括人力和物力资源的优化配置，还应包括信息和数据资源的共享和利用。多方协同、资源整合，可以大幅度扩大和提升法治教育的覆盖面和影响力，确保大学生法治素养培育工作取得实效。

（3）完善考核机制，确保工作质量

完善考核机制是保证法治素养培育工作质量的重要手段。高校应制定科学合理的考核标准和评价体系，对各项工作进行全面、系统的评估。考核机制应包括对工作过程的监督和检查，以及对工作效果的评估和反馈。在监督检查方面，可以通过定期和不定期的工作检查，了解各部门和学院的工作进展情况，发现和解决存在的问题。在工作效果评估方面，应通过多种方式了解学生的法治素养提升情况，如问卷调查、知识测试、行为观察等。通过建立全面、系统的考核机制，可以及时发现工作中的不足，调整工作策略，确保法治素养培育工作的质量和效果。考核结果还应与各部门和个人的绩效考核挂钩，以激励大家积极主动地投入法治教育工作。

通过明确职责分工、建立协调机制和完善考核机制，确保大学生法治素养培育工作组织有力、机制健全。这些措施不仅能够提高工作效率，还能提升工作质量，确保法治教育的实效。在推进法治社会建设的过程中，高校作为人才培养的重要基地，必须肩负起培养高素质法治人才的重任，不断完善工作标准和机制，为学生的全面发展和社会的进步贡献力量。

2. 法治教学科学有序，教育水平稳步提升

（1）建立系统化课程体系，确保教学内容全面覆盖

高校应设计一套完整的法治教育课程，从基础课程到高级课程，逐步深入，涵盖宪法、民法、刑法、行政法等各个法律领域。课程设计应考虑到学生的认知水平和专业背景，确保每个阶段的教学内容都能够全面覆盖法律知识的各个方面。基础课程应注重法律概念和基本原则的讲解，使学生打下扎实的法律基础；高级课程则应深入探讨法律理论和实际应用，培养学生的法律思维和解决问题的能力。系统化课程体系不仅能够保证教学内容的全面性和系统性，还能通过渐进式的教学设计，帮助学生逐步提升法治素养和法治思维能力。

（2）引入多样化教学方法，提升课堂教学效果

法治教育不仅要注重课程体系的完善，还应引入多样化的教学方法，以提升课堂教学效果。传统的讲授式教学虽然在传授知识方面具有优势，但容易导致学生的被动接受。为了激发学生的学习兴趣和主动性，高校应结合案例教学、讨论

式教学、模拟法庭等多种教学方法，通过互动和实践增强学生的参与感和体验感。案例教学可以帮助学生理解法律条文的实际应用；讨论式教学可以培养学生的批判性思维和表达能力；模拟法庭则可以让学生在实践中锻炼法律技能。这些多样化的教学方法，不仅能够提高课堂教学的效果，还能帮助学生在实际操作中巩固和深化法律知识，全面提升其法治素养。

（3）完善教师培训机制，提升教学队伍整体素质

提升法治教育水平，离不开高素质的教师队伍。高校应建立完善的教师培训机制，通过定期培训、交流学习和继续教育等方式，不断提升教师的专业水平和教学能力。教师培训应包括最新法律动态和理论的学习、教学方法和技术的更新，以及教学经验的交流和分享。通过参加国内外学术会议、研讨会和访问学者项目，教师可以了解法律领域的最新发展，吸收先进的教学理念和方法，提升自身的教学水平和科研能力。同时，高校应鼓励教师进行教学研究和创新，探索适合学生特点和需求的教学模式及方法，推动法治教育的不断发展和进步。高素质的教师队伍不仅是提升法治教育水平的保障，更是学生法治素养提升的重要推动力。

3. 法治实践活动丰富，实践质量不断攀升

法治理论不能被束之高阁，法治教育具有突出的实践性。法治实践活动的数量与质量影响着高校大学生感受法治、认识法治、运用法律的成效。高校要积极探索开拓法治实践活动，融合校外法治资源，设立"法治实务实践基地"，开展"学生法治课题立项调研""法治现场观摩"等多样的活动，明确活动内容和频次，给予实践活动激励，支持学生走近法治、深入法治，亲身感悟和经历法治活动。高校要重点关注和考评法治实践活动的产出率、创新性、参与度，使其成为法治实践活动质量的重要指标，从而避免片面追求法治实践活动的数量、不顾质量的误区。

4. 法治教学设施完善，教学资源优良丰富

硬件和软件设施是支撑法治教学的重要基础，决定了法治培育的规模和成效。硬件层面，高校应结合区域实际，建设不同类型、不同规模和不同特色的法治文化活动室，打造若干法治建设示范单位。建设一支"师生共同参与"的法治

队伍，积极创新法治文化，定期开展法律咨询、法治讲座等。通过法治队伍的建设与服务，让师生参与到校园法治文化的建设中来，成为校园法治文化的维护者。师生与法治文化形成良好的互动，法治队伍本身建设法治文化，法治文化又影响法治队伍的发展。

5. 监督评价渠道畅通，改进培育有依有据

（1）多元化评价体系建设

法治素养的培养需要多角度、多层次的评价机制，以确保评估的全面性和客观性。当前，大学生法治素养的评价体系正逐步走向多元化，除了传统的考试测评，还引入了实践考察、课堂互动和案例分析等多种方式。这些多样化的评估手段，不仅可以更全面地反映学生的知识掌握情况，还能有效促进其实践能力和法律思维的发展。在这过程中，评价标准的制定必须严谨科学，避免单一化和片面性，以保证学生在法治素养培养中的全面发展。

（2）监督机制的完善与执行

有效的监督机制是保证评价体系运行顺畅的重要保障。高校应设立专门的监督机构，对法治素养培育工作的各个环节进行全程监控。这个监督机制不仅包括对教学内容和教学方法的监督，还涵盖对学生学习态度和参与度的观察与记录。监督的执行需要透明和公正，确保每个环节都能有据可查，防止出现评价过程中的主观偏差和不公平现象。有关机构通过细致的监督和反馈，可以及时发现和解决培养过程中存在的问题，从而不断改进和完善法治素养培育工作。

（3）反馈机制与改进措施

反馈机制在法治素养培育中扮演着至关重要的角色，它不仅是评价结果的输出，更是改进工作的依据。高校通过建立完善的反馈机制，能够及时收集学生和教师对法治素养培养过程的意见和建议。这些反馈信息应被详细记录和分析，作为改进培育工作的依据。在此基础上，高校可以根据反馈结果，调整教学内容和方法，优化资源配置，从而不断提升法治素养培育的效果。改进措施的制定和实施必须依托于科学的数据分析和系统的评价报告，确保改进过程的有效性和针对性。

（三）保障更加有力

全面统筹和集聚法治教育各领域、各环节、各方面的资源和要素，不断强化条件保障，为大学生法治素养培育工作保驾护航。

1. 构建系统科学的制度保障

（1）法治素养培育制度的综合设计

构建大学生法治素养培育的科学制度，需要在顶层设计上进行全方位的规划。高校应根据国家法律教育方针政策，结合自身办学特色，制定详细的法治素养培育方案。该方案不仅要涵盖课堂教学，还需延伸至课外活动、社会实践等各个方面，使法律教育贯穿于学生的整个大学生活。制度设计应注重理论与实践的结合，通过模拟法庭、法律讲座、社会服务等多种形式，增强学生对法律知识的理解和运用能力。制度中应明确法治素养培养的阶段性目标和具体实施路径，确保各项工作有序推进，不断提高法治素养教育的实际效果。

（2）实施过程中的协调与监督

在法治素养培育制度的实施过程中，高校需要建立协调机制，以保证各部门之间的合作和信息共享。教学部门应与法律实践机构、学生组织等紧密联系，共同推进法治素养培育工作。为了确保制度的有效落实，监督机制的建立同样必不可少。高校应设立专门的监督机构，对法治素养培育工作的各个环节进行全程监督，及时发现和纠正实施过程中出现的问题。监督机制应注重透明度和公正性，通过定期的评估和反馈，不断完善制度设计和实施策略。系统的协调和严格的监督能够确保法治素养培育制度的全面落实，从而真正提升大学生的法治素养水平。

2. 建立校园法治建设专项经费保障

高校应主动设立校园法治建设专项经费并将其列入高校预算，明确专款专用要求。同时，高校可积极向教育部门争取校园法治建设专项经费，提升法治建设的规模和水平。法治建设经费应主要用于教育教学，一方面，为教师进行法治主题的科研工作提供资金支持，提升高校法学学科的实力，同时可为法治课程的教师提供教学奖励，激励课程教师提高授课活力与质量；另一方面，积极支持校园法治文化建设，为学生开展法治活动提供经费支持，提升法治活动的创新积极性，从而扩大法治文化的影响力与传播力。另外，高校也可引入社会资源，开设法治知识培训班，为相关课程的教师或学生提供实践机会，同时也可以为高校法治工作增加经费，形成法治工作建设与收益之间的良性互动。

3. 建设高素质法治人才队伍保障

无论是培育大学生法治素养各项工作的顺利开展，还是依法治国方略的具体实施，都必须要有一支强有力的法治工作队伍来作保障。优秀的法治人才往往能带领集体高效完成工作，能在培育大学生法治素养的过程中匠心独运，提出别开生面的培养路径。大学生法治素养的提高，也必须要有高素质的法治人才来引导。因此，各高校培育大学生成为高素质人才的同时，也要加强建设法治教师队伍。一支专业水准高、法治素养高的教师队伍才能培育出一批批高素质人才。高校应打造由法学专业教师、法治课程教师、辅导员队伍、全体教师组成的自上而下的层次结构，形成法治教师队伍体系。

（四）成效更加显著

在教育内容、培育标准、运行机制、条件保障上下功夫，最终的目的是培育一流的法治人才，产出一流的法治理论与实际成果，并形成实践证明行之有效的制度体系，这既是大学生法治素养培育工作体系的建设目标，也是推进高校法治素养培育工作现代化科学化的价值导向。

1. 培育和塑造一大批高水平高素质的法治人才

教师是立教之本、兴教之源，要做"学生健康成长的指导者和引路人"。高校教师的法治素养与能力很大程度上决定了法治素养培育的成效，新时代高校法治教师应做到以下几点：其一，拥有坚定的政治立场，确保法治素养培育的基本方向；其二，具备深厚的理论功底，保证法治素养培育的质量；其三，对我国的基本国情有较为详细的了解，只有这样才能将理论与实际结合，培养出符合中国国情的高素质法治人才。高校要围绕这三点打造一支坚强有力的法治教师队伍。这个队伍应由三个层次组成，即专家带领、优秀教师为骨干、专兼职教师托底。同时，高校鼓励、引导和支持学生参加法学学术会议及法治文化交流和竞赛活动，在交流活动中传播中国特色社会主义法治思想。高校应该培养出真正服务法治社会建设的高素质大学生，具有坚定的法治信仰，具有牢固的法治思维，拥有一流的法治能力，只有这样才能奠定坚实的法治人才基础。

2. 产出一系列一流高校法治成果

（1）研究成果的理论创新

高校在法治素养教育中的研究成果应当超越传统学术界的界限，推动理论的深层次创新。研究人员需要紧密结合时代发展的需要，探讨法律理论在新形势下的适应性和变革方向。例如，随着科技的迅猛发展，互联网法律、人工智能法律等新兴领域对法律理论提出了新的挑战。研究人员需要在这些前沿领域进行深入研究，提出新颖的理论框架，以应对复杂的法律问题。同时，研究成果应当具备跨学科特性，结合社会学、政治学、经济学等多学科视角，构建更为全面和系统的法律理论体系。这种理论创新不仅能提升学术研究的深度，还能为法律实践提供有力的理论支持，推动法律制度的不断完善和发展。

（2）实践成果的广泛应用

高校法律研究的价值不仅体现在理论层面，更应在实践中得到充分体现。研究人员应当将研究成果与社会需求紧密结合，推动法律理论在实际应用中的转化。例如，在社会治理、环境保护、公共卫生等领域，研究人员应当积极参与政策制定和法律实践，提供科学的法律建议和解决方案。这不仅要求研究人员具备深厚的学术功底，还需要他们了解法律实践的复杂性和多样性，通过实地调研和社会服务，掌握第一手资料，确保研究成果具有实用性和可操作性。此外，研究成果应通过多种形式得到推广和应用，例如法律咨询、专家论证、法律援助等，以提升高校法律研究的社会影响力和实际效用。

（3）教育成果的国际影响

高校法治素养教育的成效不仅应在国内得到认可，更应在国际上产生广泛影响。为此，高校需要积极拓展国际合作与交流，推动法律教育的国际化进程。通过建立与国际知名高校和研究机构的合作关系，开展联合研究、师生交换、国际研讨会等活动，提升本校法律教育的国际水平和影响力。在此过程中，研究人员应当关注国际法律发展的新趋势，借鉴国外先进的法律教育理念和方法，结合本土实际，进行本土化的创新和发展。同时，教育成果的国际化推广需要通过多种渠道进行，例如发表国际学术论文、参与国际法律组织、举办国际学术会议等，增强国际学术界对中国法治研究的关注和认可。这样的国际化努力，不仅可以提升高校的国际声誉，还能为全球法治事业的发展贡献中国智慧和中国方案。

3. 形成一套运行有效、科学完备的高校法治制度体系

良法是善治的前提，高校法治素养培育是一个全周期、持续性的工作，有赖于一套健全的法治体系。高校根据已有的法治教育制度，结合现有法治教育经验，不断推陈出新，建构出完备有效的法治制度体系，为高校大学生法治素养培育保驾护航。同时，制度的生命在于实施，高校法治制度体系落到实处，才是最好的法治教育素材。要根据法治制度在实际运行中可能面临的难处，及时修订、动态调整不合时宜的规则制度，确保法治制度体系的权威性和有效性。

构建科学的大学生法治素养培育工作体系，首先要有完善的法治教学内容，这是所有教学活动开展的前提，也是所有法治素养培育措施能够真正落实的基础。制定完善的法治教学内容之后，还要有一套健全的培育标准来衡量内容是否合理，执行是否到位，做到可观察、可量化、可比较、可评估，才能对法治素养培育的实际情况有正确的认识。完善的内容和健全的标准只是体系的两个点，要想连点成线、连线成面，还需要运行科学的培育体系。科学的培育体系是教学内容可以被传授、培养标准能够进行评估的关键。为了确保培育体系能够正确运行，还需要制度体系来保障，这是确保法治教学活动正常开展的前提。当然，以上所有措施都是为了一个目的，即取得显著的法治成效。这几点联系密切、互相促进，在良好的互动中组成科学的大学生法治素养培育体系。

明确了基本任务，我们对大学生法治素养培育的目的就更为清楚了。但只有理念与任务还是不够的，我们要真正有效实施培育，必须要明确大学生法治素养培育工作体系有哪些主要内容。

二、大学生法治素养培育工作体系的主要内容

（一）法律武装体系

学科教学的内容必须有法律体系作为依托，因此大学生法治素养培育必须重

视法律武装体系。

1. 加强法治信仰引领

通过系统的法律教育和实践活动,高校可以引导学生深入理解法治的基本理念和核心价值。法治信仰不仅是对法律的一种尊重,更是一种对公平正义的坚定信念。高校应在教学过程中融入法治信仰的教育内容,通过经典法律案例、法律哲学探讨等方式,帮助学生建立起对法治的深刻认识。这种信仰的培养需要长期的积累和不断的强化,只有让学生在日常学习和生活中不断感受到法律的力量和作用,才能真正将法治信仰内化为他们的行为准则。

2. 厚植法治中国情怀

法治中国情怀是指学生对中国法治建设的认同感和责任感。高校应当通过多种形式的教育活动,帮助学生深刻理解中国法治建设的历史进程和现实成就。通过对中国法治文化的深入学习,学生可以更加全面地认识到法治在国家治理中的重要地位和作用。高校还可以组织学生参与社会调研、法律服务等实践活动,让他们在实际行动中体会到法治对于社会发展的重大意义。培养学生的法治中国情怀,不仅可以增强他们的爱国主义精神,还能激发他们为社会主义事业贡献力量的积极性和主动性。这种情怀的培养,是高校法治素养教育不可或缺的一部分,也是推动中国法治进程的重要力量。

3. 强化法治价值引导

高校应在教育过程中注重培养学生的法治价值观念,使他们在面对法律问题时能够自觉运用法治思维进行分析和判断。通过开设法治课程、开展法律讲座和模拟法庭等活动,帮助学生树立起正确的法律观念和价值取向。这些活动不仅能让学生掌握基本的法律知识,还能培养他们对法律的敬畏和对公平正义的追求。在法治价值观的引导过程中,高校应注重引导学生思考和讨论现实中的法律问题,鼓励他们积极参与法律实践,提升他们的法律意识和责任感。通过系统的法治价值引导,可以有效提升大学生的法治素养,为他们未来的职业发展和社会参与奠定坚实的基础。

(二)日常教育体系

学科教学与法律体系都是大学生学习的内容,但大学生在知识学习之外还有日常生活，因此日常教育体系也不可忽视。

1. 深化法治实践教育

首先，要构建"法治实践育人共同体"，加强法治社会实践基地的建设，设立更多法治实践岗位，充分利用国家有关部门、公检法机构、律师事务所等平台，为大学生推荐法治实践导师，提供更多实践机会，创办丰富多彩的"法治行走课堂"。通过这些措施，大学生可以在真实的法律环境中锻炼自己，提升法律意识和实践能力。

其次，要打造高质量的法治实践平台，研究制定实践基地的建设标准，明确各方主体的权责，建设一批高标准、高质量的法治实践教育基地。这些基地将为大学生提供系统的法治教育，确保他们在实践中得到全面而深入的法律知识和技能培训。

再次，要提升法治实践育人效果，扩大实践主体的覆盖面，广泛宣传和推广样板基地的先进做法和优秀经验，避免走过场和形式化的法治实践活动。通过切实有效的法治实践，确保实践基地在大学生法治素养培育中发挥重要作用。

最后，推动大学生法治实践常态化，在日常生活中强化法治体验。例如，组织学生学习学校管理规定和培养政策，签订培养协议书、助学贷款合同、就业合同等，通过这些具体的法律实践，使法律融入大学生的每一天、每一个细节。通过缴纳学费和住宿费等实际操作，学生能够在生活中切身体验法律的存在和作用，逐步形成良好的法治观念和行为习惯。

2. 加强法治主题教育

法治主题教育是提升大学生法治素养的关键途径，区别于传统的知识讲授模式，需要进一步挖掘教育内涵和丰富教育内容，充分发挥其作用。主动设置法治教育主题，充分利用各种资源和要素，深化法治主题教育的内涵，不仅限于狭义的法律范畴，而是扩展到广义的法学领域，涵盖人文社会科学、政治学、经济学、马克思主义理论等相关学科，提升大学生法治素养。法治素养在综合素养中起到基础性和引导性作用，通过提升综合素养来强化法治素养，同时以法治素养的培育推动综合素养的全面发展。创新法治主题教育形式，在传统教育模式基础上，更加注重学生的参与感和获得感。鼓励大学生积极参与法治主题教育，发挥教师的示范作用，重视同学之间的互动和影响，在潜移默化中培养法治素养。在具体实施中，可以利用多媒体技术和互动教学方法，让学生在实际案例中学习法律知识，理解法律精神，组织法治辩论赛、模拟法庭等活动，锻炼法律思维和实践能力，邀请法律专家、学者举办讲座和开展研讨，拓宽学生视野，提升他们对法治的理解和认同。通过这些措施，法治主题教育不仅能丰富大学生的法律知识，还能增强他们的法治意识和法治信仰，使其在今后的学习和生活中，自觉践行法治原则，成为社会的合格公民和法治建设的积极推动者。

3. 加强网络法治育人

（1）网络法治教育内容的深化

在当今信息化社会中，网络法治教育成为高校法治素养培养的重要内容。高校需要系统地设计网络法治教育的课程内容，涵盖网络法律法规、网络安全、网络道德等多个方面。通过深入浅出的讲解和详细的案例分析，帮助学生理解网络法治的基本原则和实践要求。网络法治教育不仅仅是传授知识，更需要引导学生树立正确的网络行为规范，理解网络行为的法律后果。教育内容应紧跟网络技术和社会发展的步伐，不断更新和完善，确保学生能够及时掌握最新的网络法律知识和技能，从而在信息化社会中合法合规地使用网络资源。

（2）网络法治教育方法的创新

传统的法治教育方式在网络法治教育中需要进行适当的创新和调整。高校应充分利用现代信息技术手段，开展多样化的网络法治教育活动。例如，利用在线学习平台、虚拟现实技术和社交媒体等工具，创建沉浸式的学习环境，使学生能够更加直观和生动地理解网络法治知识。同时，教师应鼓励学生参与网络法治讨论和模拟网络法律事件，通过互动和实践，提高学生的网络法治意识和能力。在教育方法的创新过程中，高校需要注重教育效果的评估和反馈，根据学生的学习需求和反馈，不断调整和优化教学策略，确保网络法治教育的实际效果和长远影响。通过科学合理的教育方法，网络法治教育可以更好地融入学生的日常生活，成为他们自觉遵守的行为准则。

（三）治理服务体系

高校应从提升自身治理能力和治理水平、加强法治群团组织建设，深化法治文明校园创建等工作出发，为大学生法治素养的提升提供有力保障的法治环境。

1. 提升高校治理能力和治理服务水平

提升高校的治理能力和服务水平，对于大学生法治素养的培养至关重要。要健全和完善高校关于大学生法治素养培育的各项环境治理和管理服务制度，打造和推广一批先进的法治教育和服务育人单位与示范岗位。在日常管理中加强校规校纪教育，通过引导党政干部、共青团干部、辅导员和班主任，用他们自身良好的法治素养和行为规范来影响学生，努力营造一个治理有序、服务高效、环境清明的法治育人氛围。提升法治供给能力，提供高质量的法治服务，及时解决学生的法律诉求，维护他们的合法权益，回应他们对法治的期盼。通过关心和帮助学生，在服务和引导中实现法治教育和人格塑造的目标，从而达到潜移默化的隐性法治教育效果。这一综合性的法治育人环境，不仅能够增强大学生的法律意识和法治素养，还能帮助他们成长为具有社会责任感和法治精神的合格公民。

2. 加强法治群团组织建设

加强高校法治群团组织建设是提升大学生法治素养的重要举措。要增强高校全面依法治校委员会、法制办（政策法规室）、普法办等组织的法治性、先进性和群众性，强化它们在法治动员、法治引领和法治教育方面的职能。推动学生法律社团的改革，强化党对高校法律社团的领导和共青团对业务工作的指导，完善法律社团骨干的遴选程序，通过程序正义增强学生的法治体验，为提升学生的法治素养和推进高校依法治校提供支持。加强对学生法律相关社团的建设和管理，突出过程监管和精细管理，支持法律社团有序健康发展，确保其成为大学生法治素养培育的有力平台。这些措施，可以为大学生提供一个有序、有效的法治教育环境，促进他们在实践中提升法律意识和法治精神，成长为遵纪守法、具有社会责任感的公民。

（四）评估督导体系

各项工作开展之后，如何评估其成效并及时识别和补齐短板，是建立完善的评估督导体系的关键。

1. 构建大学生法治素养的科学测评体系

构建大学生法治素养的科学测评体系,需聚焦多维度多层次,确保评估全面有效,将法治素养培育成效融入法学"双一流"建设评估,成为衡量标准关键;课程法治建设嵌入"双一流"、"双万计划"及"双高计划",强化核心地位;将依法治校、办学、治教实践,作为政治巡视、高校巡察、领导班子考核及干部述职评议重点。大学生法治素养评价,致力于成果可视化、数据化与可评估化,建立健全反馈机制,激发法治人才培养体系革新,确保法治素养培育工作实质推进,避免形式主义。简言之,通过全方位评估,推动法治教育深度融入高等教育,确保法治素养培育的实效性与针对性,促进法治人才高质量培养。系统性设计测评框架,涵盖知识、思维、实践、伦理多个层面,运用现代信息技术提高精准度与效率,注重持续改进与动态调整,适应法治教育新要求与新趋势,确保大学生法治素养持续提升。

2. 完善大学生法治素养培育推进落实机制

要实现大学生法治素养的全面提升,需要建立科学有效的推进落实机制。高校应制定详细的实施方案,将法治素养教育目标具体化,分解到各个教学环节和学生活动中。高校管理层应成立专门的协调机构,负责统筹推进法治素养培育工作,确保各部门之间的协作与沟通顺畅。落实机制应包括定期的工作会议和专题研讨,及时总结和分享经验,调整和优化教育策略。还需要建立科学的评估体系,对各项工作进行全面的检查和评估,以确保各项措施的有效实施和实际效果。通过不断完善推进落实机制,高校可以确保法治素养教育的各项工作扎实有序开展,为学生提供全面系统的法治教育。

3. 健全大学生法治素养培育的督导问责机制

强化大学生法治素养培育工作督导考核,把加强和改进大学生法治素养培育工作情况作为各高校领导干部和法治工作队伍考核的重要指标和工作职责,对不能履职尽责或者履职尽责不到位、不及时的,要加大追责问责、责任倒查的力度。此外,在高校、院系、基层党组织书记述职评议考核制度中,增加大学生法治素养培育的有关指标和内容,同时将其纳入依法办学、依法治校、依法治教的监督检查范围。

第五章 大学生法治素养培育的机制与途径

第一节 大学生法治素养培育的机制

一、顶层设计机制

对于大学生法治素养的培育，教育部门和高校应当立足于新时代背景，遵循教育发展规律，进行科学的顶层设计。首先，强化党的领导，确保法治教育的政治方向和力度。教育主管部门应发挥引领作用，通过系统性的规划和组织，构建一个涵盖党委、政府、部门、社会多层面参与的法治素养培育体系。具体而言，教育部门需出台相关政策文件，明确各部门职责，界定责任范围，制定教育目标、标准以及教学方法和教材，推动法治、教育和司法部门的协作。其次，促进县级以上教育管理机构、高校、司法机关、法制培训机构等的联动，广泛吸纳社会各界力量和媒体平台的参与，形成合力，以法治思维和核心素养理念引导大学生法治素养的提升，加速大学生法治素养培育能力的现代化进程。这样的顶层设计不仅能够确保法治教育的系统性和连贯性，还能有效调动各方资源，形成全社会共同参与的良好局面，为大学生法治素养的全面提升奠定坚实基础。

构建顶层设计机制，高校需要在全面发展上下功夫。高校作为培养和提高大学生法治素养的重要阵地，要做到以下三点。

（一）法治教育管理的系统优化

为切实提升大学生法治素养，需从战略高度出发，科学设定"德法并重"的人才培养目标。依据国家教育主管部门的宏观指导，高校应精心编制年度法治教育发展蓝图，将其融入高校章程的核心内容，形成可动态调整的人才培养方案。在法治素养培育的全过程中，从规划到执行，再到评估，实行一体化管理，确保法治教育与高校的教学科研、社会服务等各项事业同步规划、同步检查、同步考核。此举旨在构建一个闭环式的法治教育管理体系，通过持续的监督与评估，促进法治教育质量的稳步提升，使法治精神真正融入学生的思想行为，为培养兼具高尚品德与法治素养的复合型人才奠定坚实基础。

（二）全面提高师资力量培养水平

"为人师表，首先要在尊法上为全社会作出表率。"因此，要切实加强教师队伍建设，特别是对青年教师的培养和激励，将他们培养成为法律知识的传播者、法治信仰的坚定者、法治精神的践行者，教育引导他们争做遵纪守法的表率、师德师风的楷模，感染和培养更多的法治人才。大学生法治素养培育教师的管理是高校顶层设计中的关键一环，需始终围绕新时代下大学生法治素养培育的需要，落实高校思想政治教育与法律基础课程教师的资格管理制度，推动落实资格考试制度，做到教师持证上岗。创新建立师资信息库，利用新时代下互联网技术与平台优势，加强师资的统一管理与服务，做到选拔培训、考核评价、质量反馈等常态化、科学化。启动实施专项培训计划，重点在教育基础知识、教育法律知识、教师专业素养、业务能力以及教师情感态度等方面开展培训，提升思想道德与法治课教师的专业化水平。

（三）全面创新大学生法治素养培育教育教学方式

为适应新时代的大学生特点，全面创新大学生法治素养培育的教育教学方式显得尤为紧迫。这意味着要突破以传统讲授为主的教学模式，转向以学生为中心、以能力为导向的教育模式。具体而言，可以通过以下途径实现：一是引入案例教学，选取贴近大学生生活实际的法律案例，引导学生分析讨论，培养其法律思维和解决实际问题的能力；二是利用现代信息技术，开发线上法治教育资源，如慕课、微课等，打造泛在学习环境，满足学生个性化学习需求；三是加强实践教学，组织学生参与法律援助、社区服务等社会实践活动，使其在真实情境中应用法律知识，增强法治实践能力；四是开展跨学科教学，将法学与其他学科知识相结合，拓宽学生视野，培养复合型法治人才。通过这些创新举措，构建一个充满活力、富有成效的法治教育生态，为大学生法治素养的全面提升奠定坚实基础。

二、协同推进机制

"协同"即协调、配合和资源整合之意，在新时代推进大学生法治素养培育的过程中，如何协同合作、共同推进是教育工作者必须面对的重要课题。大学生法治素养培育是高校思想政治工作的重要内容之一，以课堂为载体，落实全员、全过程、全方位育人的"三全育人"体系。

（一）理念协同

教育体系内外，从教育者至受教育者，乃至社会各阶层，共同秉持法律至上、人权尊崇、公正与平等等核心法治精神。此共识不仅界定了法治教育的目标，亦为教育策略与预期成果的共同理解铺平了道路，确保所有行动均导向培养兼具深厚法治素养与社会责任感的青年才俊。

（二）主体协同

高校、教师、学生，以及家庭、社区、政府与各类社会组织，共同构成法治素养培育的多元主体网络。通过紧密合作，各主体在课程研发、实践平台构建、资源共享等层面发挥各自优势，共同织就一张覆盖全面、层次分明的法治教育网络，促进信息的无碍流通与资源的高效整合，确保法治教育活动的广泛参与和深度影响。

（三）目标协同

目标协同需与国家法治战略相契合，紧密贴合社会需求，兼顾知识传授、能力培养与价值引领，同时关注不同阶段学生个性化需求，确保法治教育的针对性与时效性。目标协同强调对法治教育成效的定期审视，适时调整策略与方向，以适应法治环境变迁及学生发展新诉求，确保每一步行动均精准对接时代脉搏。

（四）制度协同

高校应构建一套全面覆盖课程设计、教学评估、师资培训、资源分配等领域的法治教育制度体系，为教育活动的有序展开提供稳固支撑。强化制度执行力，建立有效监督与激励机制，激发师生参与法治教育的积极性，对表现卓越者予以表彰与奖励。制度协同亦需深化与外部机构的合作，明确各方权责，确保法治教育项目的顺畅实施与持续优化，使法治之光普照每位青年学子心田。

三、资源共享机制

高校要着力破解大学生法治素养培育工作的"孤岛现象"，使高校各种法治教育资源都能发挥育人功能，促进各种资源要素充分动起来，形成润物无声的法治育人微环境，从而实现大学生法治素养培育资源的价值。

（一）打破壁垒，实现平台共享

当前，各地区、各高校的法治教育资源平台往往因体制机制局限而形成"信息孤岛"，阻碍了信息流通，限制了参与广度，加剧了供需两侧的矛盾，直接影响到平台建设的成效。为此，必须构建一个"共建共享"的法治教育资源生态，汇聚政府、高校、企业、媒体等多元主体的力量，利用大数据、云计算、虚拟现实、人工智能等现代信息技术，依托互联网和校园网络，共同打造一个覆盖广泛的大学生法治素养教学资源共享平台。此举旨在消除高校间资源共享的传统障碍，强化平台的信息化与网络化建设，形成资源共享的完整闭环，为大学生法治素养培育提供强有力的技术支持和资源保障，进而推动法治教育的深度普及与高效实施。通过这一平台，各方主体能够无缝对接，实现法治教育资源的高效流通与充分利用，促进大学生法治素养的全面提升，为法治社会的建设贡献力量。

（二）统一规划，实现标准共享

在资源共享的框架下，确立一套涵盖质量、内容、保密等多维度的统一标准变得尤为紧迫。这需要教育主管部门发挥统筹协调作用，集结高校、思政工作部门、教育工作者、社会团体、专家学者及媒体等多方力量，共同商定一套详尽且实用的标准共享机制。该机制应明确资源准入门槛，同时考虑到新时代大学生法治素养培育的特点与趋势，保持标准的动态更新，确保其与时俱进。通过这一机制，各方参与者将在统一的规范下行动，共同维护和提升法治教育资源的质量，促进大学生法治素养培育工作的标准化与规范化，为法治教育的高质量发展奠定坚实基础。这一过程不仅促进了资源的优化配置，还增强了法治教育的系统性和连贯性，有利于形成协同效应，提升法治教育的整体效能，最终实现大学生法治素养的全面提升。

（三）融汇百家，构建内容共享新格局

当前，部分高等院校在大学生法治素养资源共享的内容层面呈现出一定的局限性，共享的范畴与模式尚待拓展。鉴于此，构建大学生法治素养平台资源共享的新体系，势在必行。这一进程需摒弃传统单一的内容共享模式，大胆探索与创新，致力于法治学术资源、法学学科与专业资源、教师资源以及学生资源等多维度的深度共享。

通过建立健全内容资源共享机制，高校应积极拓宽资源共享的渠道与方式，不仅限于纸质文献的借阅，还应包括数字化资源的在线访问、远程教学的实时互动、实践案例的交流分享等多元化形式。此举旨在打破地域与时间的界限，实现法治教育资源的无缝对接与高效流转，进一步提升资源共享的广度与深度，促进法治教育的全面覆盖与均衡发展。

此外，内容资源共享机制的完善还需注重质量与效率的双重提升，确保共享资源的权威性、时效性与实用性，为大学生提供丰富、准确、易于获取的法治知识与实践指导，从而有效促进其法治素养的全面提升。通过这一系列创新举措，高校不仅能够为学生搭建起一个开放、互动、高效的学习平台，还将为我国法治教育事业的繁荣发展注入新的活力。

（四）激发潜能，构建资源共享激励体系

当前，部分高等院校与教师尚未充分意识到法治教育教学成果数字化、信息

化的重要性，导致在向社会公众开放共享时遭遇平台建设、技术支持及资金保障等多重障碍，内在驱动力相对薄弱。为此，加速构建大学生法治素养培育资源共享的激励机制显得尤为关键。该机制应囊括精神激励、物质激励及品牌激励等多种方式，旨在将资源共享行为深度融合至政府、相关社会团体、高校管理层、教师及教辅人员的工作绩效评估体系中，确保资源共享活动与个人及机构的业绩评价紧密挂钩，从而显著提升高校在法治教育资源共享方面的自主性与积极性。

（五）筑牢防线，确保安全共享

1. 技术安全护航

在推进大学生法治素养培育资源共享的过程中，技术安全成为不可或缺的一环。依托先进的信息技术，如大数据分析与人工智能，可以实现教学内容的个性化定制。通过对每位大学生的学习行为与偏好进行深度学习，形成精准的"人脸画像"，进而推送与之高度匹配的法治教育资源，确保学习内容的针对性与有效性。同时，根据学生的学习习惯，量身打造科学的学习计划与策略，优化学习路径，提升学习效率。在处理海量数据时，实施严格的数据筛选与过滤机制，确保信息的精准推送，保障学习体验的流畅与安全。

2. 产权安全加固

知识产权保护是资源共享体系中不可忽视的重要方面。在大学生法治素养培育的过程中，明晰各类资源的版权归属，是维护资源共享秩序、激发创新活力的关键。为此，需要建立健全资源产权保护机制，填补现有法律框架中的空白地带，为资源共享活动划定清晰的法律边界。强化资源共享平台的保密措施，完善数据安全管理，防止敏感信息泄露，同时明确界定资源使用的权利与义务，减少因产权争议引发的摩擦与纠纷，降低资源共享过程中的潜在风险与成本。通过这些举措，为大学生法治素养培育的资源共享活动构建起坚实的产权安全保障网。

四、合作交流机制

大学生法治素养培育的合作交流机制主要针对国内高校之间的交流与合作、国际区域合作交流、人才与人才之间的交流。

（一）形成特色品牌，搭建高校磋商合作交流平台

各高校应以各自特色为亮点品牌，以互学互鉴为目的，打造高校特色的大学生法治素养培育项目，吸引其他高校的大学生学习、引用，传播具有本校特色的大学生法治素养培育特色项目。以重点高校为主导进行磋商，搭建合作交流平台，使带有各个高校特色的大学生法治素养培育项目在高校之间得以交流与传播。同时，以高校德育部门为平台，通过问卷、访谈、文献等方法，进行各高校大学生法治素养培育的专项调研，将各高校大学生法治素养培育的先进经验、先进做法、先进理念进行整合和迁移，促进大学生法治素养培育的进一步发展。

（二）凝聚共识，搭建对外合作交流的桥梁

1. 求同存异，共绘法治教育蓝图

在推动大学生法治素养培育的国际合作与交流中，"求同存异"的原则显得尤为重要。这一原则倡导在全球化背景下，不同国家与地区在法治教育领域的对话与合作，强调在尊重彼此差异的同时，寻找共同的价值观与目标。通过深化理解与沟通，识别并聚焦于双方共同关心的议题，如法治教育的核心理念、人才培养模式、国际规则的理解与适用等，从而建立起基于共识的合作基础。

2. 互学互鉴，讲好中国法治故事

在对外合作交流中，生动诠释中国法治文化的独特魅力，展示中国在大学生法治素养培育方面的特色与成就。这不仅包括分享中国法治教育的理论框架与实践案例，更在于传递中国法治精神的内核——依法治国的理念、公平正义的价值追求以及尊重人权的现代治理观。通过组织研讨会、学术论坛、文化交流等活动，邀请国际学者、教育工作者参与其中，让世界看到中国法治教育的多元面貌与开放姿态，增进国际社会对中国法治建设的理解与认同。

3. 避免分歧，聚焦合作亮点

在合作过程中，面对不可避免的文化、法律体系及教育理念上的差异，应采取灵活务实的态度，适当避开可能引起误解或争议的敏感领域，转而集中力量探

索合作的新机遇。例如，共同研究全球性法治挑战的应对策略、共享法治教育资源与最佳实践平台、联合举办跨国法律模拟竞赛等，这些活动既能增进相互了解，又能促进法治素养的共同提升。

（三）加强互联互通，构建人才培养合作交流机制

构建人才培养合作交流机制，旨在强化互联互通，深化大学生法治素养培育。此机制聚焦教师和学生两大主体，具体举措包括设立专任教师互学互鉴合作交流计划，建立长期稳定的师资合作交流培养机制，加强校际、国际教师法治素养培育教学能力的统一培训，促进教师相互学习，了解不同教学模式，提升教学质量。同时，加大国际、校际教师团队互派互访力度，增进双方理解与对话，定期举办教师教学水平技能大赛，表彰优秀教师，激发教师工作热情，促进教师专业化成长。有效运用现代化技术，构建"双师型"课堂、同课异构、共享课程资源，利用高科技助力教学高质量发展。这一系列措施不仅促进师资力量的优化升级，还能激发学生的法律学习兴趣，增强法治意识，最终实现大学生法治素养的全面提升，为法治社会的建设培养更多高素质人才。构建这一合作交流机制，旨在打造一个开放、互动、共享的学习平台，推动法治教育的创新发展。

五、监测评价机制

高校法治建设历经从探索至成熟这一过程，我国在法治教育内容创新、形式多样化，尤其在法律基础知识教学、法治实践能力培养与师资队伍壮大等方面，已取得显著进展。然而，法治素养评价机制的构建与执行仍待完善。为此，需着力于建立健全网络法治素养评测体系，有效监测与评估大学生网络行为，对违法违纪违规现象迅速反应，及时处理；对潜在问题提前预警，实施预防性教育。同时，加速违法违规违纪档案的信息化进程，增强法治素养评价的可视化与实践导向，确保评价过程的公开透明与结果的公正有效。

（一）监测评价的基本内涵

要健全公民和组织守法信用记录，完善守法诚信褒奖机制和违法失信行为惩

戒机制。这样的机制建设理念也需要引入大学生法治素养培育。要从监测什么、如何监测、监测结果如何应用这三个逻辑起点来构建大学生法治素养培育监测评价机制。

1. 明确监测内容

基于教育实际，制定差异化、多维度的法治素养评价标准。根据不同高校的规模、特色、定位及层次，量身定制评价体系，确保评价的全面性与灵活性。从教学方式、教学对象、教学工具、教学场景等维度，构建统一而多样的评价尺度，精准衡量大学生法治素养培育的成效。

2. 严格监测管理

建立大学生法治素养培育质量监测机制，对教学实施与专项调研实行严格把关。通过细致分析法治教育的各个环节，从政策指导到教学实践，再到教育效果评估，进行全面的数据、行为及心理信息采集，构建科学的数据基础。这不仅涵盖教育过程，还包括成效评估，旨在形成全面监测与科学分析的闭环，确保大学生法治素养培育的质量监测准确无误。

（二）运用监测结果

1. 监测结果的意义与应用

监测大学生法治素养培育质量的结果，旨在客观反映教育实践的成效与不足，为制定持续优化教学策略、完善课程体系提供依据。因此，正确解读与运用监测结果至关重要。监测数据不仅应涵盖学生在法律知识掌握、法治思维形成、法治行为养成等方面的表现，还应关注其对个人品德、社会责任感、公民意识等德育目标的影响。通过综合分析，可以精准定位教育过程中的优势与短板，为后续教学改革指明方向。

2. 以学生为中心的评价体系

在成效评价中，应坚决摒弃单纯以科研数据、成果数量、课题和课程数量为衡量标准的传统做法，转向以学生为中心的全面评价体系。这意味着评价重心需转移到学生个体的成长与发展上，尤其是其法治素养的提升、德育品质的塑造以及综合素质的增强。同时，教师的角色也不应被忽视，他们专业知识的深度、专业技能的熟练度以及专业情感的投入程度，同样是评价体系中不可或缺的组成部分。这样的评价体系能够激励教师更加注重教学质量与效果，而非仅仅追求外在指标的堆砌。

3. 贡献导向的评估视角

成效评价不应仅停留于对短期成果的考量，更应着眼于长远影响，即教育活动对学生法治素养发展、德育成长乃至全面发展的贡献度。这要求我们在评估时，既要关注直接产出，如学生在法律相关考试、竞赛中的表现，也要重视间接效应，比如学生在日常生活中的法治意识体现、参与公共事务的积极性等。此外，教师在专业成长过程中所获得的知识更新、技能提升及其对学生的正面影响，也是评价体系中应予充分考虑的因素。

（三）不断优化大学生网络法治素养测评体系

优化大学生网络法治素养测评体系，旨在强化互联网空间的法治意识与行为规范，确保网络法治素养的全面覆盖与深度培养。

1. 确定网络法治观念维度

网络法治观念涵盖规则至上、权利思维、程序正义等核心理念。大学生网络法治意识的培养，需着眼于其对网络法治的认知与态度，尤其是在网络空间的特殊属性下，如后发性与时代性，大学生享有更多平等与自由，参与网络舆论成为其表达民主意愿的方式之一。网络法治信仰的培育，是大学生法治素养提升的基石，既是对法律知识学习的深化，也是对法律实践认同的情感升华。在法治中国建设的大背景下，强化大学生法治信仰，对于提升其个人素养具有重要意义。

2. 确定网络法治行为维度

大学生网络行为的法治化，不仅涉及法治知识的获取与传播，还需警惕可能侵犯他人权益或触犯法律的失范行为。行为维度的构建，需关注网络失范行为与网络法治行为两个方面。网络失范行为包括但不限于散播谣言、侵犯隐私、知识产权侵害、危害国家安全等活动；网络法治行为则涵盖法治学习、法治关注、信息辨别、网络自律与法治宣传等正面行为。明确区分与评估这些行为，能够引导大学生在网络空间中践行法治原则，促进网络环境的健康与安全。

3. 确定网络法治评价维度

确定网络法治评价维度，旨在深化大学生对网络法治的理解与实践，促进其法治素养全面提升。它具体细分为网络法律评价、网络法治行为评价与网络司法评价三个方面，构建网络法治素养评价完整框架。网络法律评价聚焦国家层面网络法治相关法律法规，确保网络空间秩序稳定，大学生评价反映法律体系认知，为网络法治建设提供用户视角反馈，促进法律体系完善。网络法治行为评价涉及网络法治失范与适法行为评判，大学生批判与认可体现主观价值判断，结合实际行为，构建完善、客观的法治素养评价体系，推动合法合规网络行为。网络司法评价得益于"互联网+"模式融合，司法领域创新审判方式，有效应对网络违法行为，大学生评价彰显法律公正性理解，推动网络法治素养现代化，确保法治教育与时代同步，促进法治素养与时俱进。细化网络法治评价维度，深化大学生网络法治素养，要求具备网络法治知识，在实际情境中做出合理判断与行为选择，实现法治素养知行合一，为构建健康法治网络生态环境贡献力量，确保法治教育的实效性与时代适应性，促进大学生在网络空间的健康成长。

4. 确定网络法治期盼维度

大学生对网络法治的期盼，是基于他们在网络空间的实践和体验，形成的对未来网络环境的理想化愿景。这一期盼不仅指向网络立法的完善，更关乎网络法治文化和氛围的积极塑造。他们期望网络空间成为一个守法、文明、和谐的交流场所，同时希望个人在网络中的行为能得到法律的指导与保护，确保权益不受侵害，也能履行社会责任。这种期盼体现了大学生对法治精神的深刻理解与认同，他们希望通过法治推动网络环境的健康发展，维护网络空间的安全与秩序，为网络社会的积极进步贡献力量。

由此，四维度之下的11个一级指标与27个二级指标共同构成大学生网络法治素养评测体系，见表5-1。

表 5-1 大学生网络法治素养评测体系

维度	一级指标	二级指标
网络法治观念	大学生网络法治认知	网络空间的认知
		网络法律的认识
	大学生网络法治思维	法律至上
		权利思维
		程序思维
	大学生网络法治意识	秩序意识
		自由意识
		效率意识
		权利意识
		诚信意识
		责任意识
		民主意识
	大学生网络法治信仰	
网络法治行为	大学生网络行为失范	散播网络谣言
		侵犯公民隐私权
		侵犯公民知识产权
		网络信息污染
		网络诈骗
		网络危害国家安全活动
	大学生网络适法行为	网络法治学习
		网络法治关注
		网络信息辨别
		网络自律
		网络法治宣传
网络法治评价	网络法律评价	
	网络法治行为评价	网络法治行为的正面评价
		网络法治行为的负面评价
	网络司法评价	

续表

维度	一级指标	二级指标
网络法治期盼	对法治网络空间的期盼	对网络立法的期盼
		对网络法治空间氛围的期盼
	对自身的期盼	

（四）加快大学生违法违纪违规档案体系建设

健全大学生网络评测体系后，如何将测评结果整体全面地反馈给社会？大学生违法违纪违规档案的信息化建设，有利于高校在开展政治审核时产生一个客观、准确、可视化的评价，有利于教育引导大学生重视法律知识的学习、主动培养和提升自身法治素养，做一个遵纪守法的好公民。

1. 建立全面、系统、科学的档案内容管理制度

档案建设主要有量化方式与描述方式，这里的档案体系以描述方式为主，对学生的法治素养进行档案建设。档案的内容主要分为四部分。

（1）个人基本信息管理

在当前高等教育环境下，大学生违法违纪违规档案体系的建设对于维护校园秩序、促进学生全面发展具有重要意义。首先，个人基本信息管理是档案体系的基础，它涉及学生的个人资料、教育背景以及行为记录等。这些信息的准确收集与系统化管理，不仅有助于快速响应各类违规事件，还能为学生提供个性化的教育指导和心理辅导。其次，档案内容的科学分类与动态更新是提升档案实用性的关键。高校通过对学生行为的持续跟踪和评估，可以及时发现潜在问题，采取预防措施，从而有效减少违法违纪行为的发生。

（2）加强违法违规违纪记录管理

深化大学生违法违纪违规档案体系的应用，对于优化教育管理、增强学生法治意识具有深远影响。一方面，档案体系的建立应与学生的日常行为规范紧密结合，通过定期的档案审查和行为分析，引导学生自觉遵守法律法规和校规校纪。另一方面，档案体系的应用还应拓展到学生的职业生涯规划中，通过档案中的正

面记录激励学生积极进取，而对负面记录则进行有针对性的教育和矫正，帮助学生认识错误、改正行为，为其未来的社会融入打下坚实基础。此外，档案体系的建设还应注重保护学生隐私，确保信息安全，避免因信息泄露给学生带来不必要的困扰。

（3）加强院系审核与大学生申诉管理

①强化院系审核职能。院系审核作为防范记录差错的关键环节，承担着对学生违法行为进行评价与处罚的重要职责。在这一过程中，采取"实质+形式"双轨审核模式显得尤为必要。实质审核侧重于对违法行为的性质、情节及后果进行深入分析，确保处罚决定的公正与合理；形式审核则着重检查处罚程序的合规性与记录的准确性，保证每一项处罚都能准确无误地归档。尤其在处理校纪校规违规事件时，高校与院系应加强管理和监督，严防记录失实，以免对大学生职业生涯产生不利影响，务必秉持审慎态度，确保每一条记录的真实与完整。

②建立公正的大学生申诉机制。大学生申诉渠道的畅通，是维护教育公平与正义的重要保障。为确保申诉过程的公正与中立，高校应设立专门的"大学生法治素养监察小组"，负责受理学生对处罚决定的异议。该小组独立于院系之外，拥有实质内容审查的权力，一旦发现错误，有权退回院系重新审理，并派遣成员全程监督，确保二次处理的公正性。对于二次申诉的合理请求，监察小组可直接介入审核。特别是对于未成年大学生的申诉，高校应给予额外保护，由校级监察小组直接进行复核与调查，对于轻微违规行为，若学生在一学期内未再犯，可酌情予以消除记录，体现教育的人文关怀与宽容精神。

③错误与瑕疵记录的纠正机制。针对错误记录，院系可向监察小组提出申请，由记录责任人详细说明情况，经核实后予以消除；对于存在瑕疵的记录，则由院系提出申请并阐述理由，监察小组据此进行更正。这一机制的建立，旨在确保学生档案的准确性与公正性，避免因记录不当而对学生造成不必要的负面影响，体现了法治教育中严谨与人性化的双重考量。

（4）加强遵纪守法承诺书管理

遵守宪法、法律是每个公民应尽的义务。作为一名成年公民，大学生在入学之前应该主动进行法律知识的学习，入学时学院可以组织学生签署遵纪守法的承诺书。遵纪守法承诺书属于违法违规违纪档案的一部分，置于档案的首页。这是学生在校期间对其行为规范的承诺，承诺书签署是进行一个仪式的过程，有助于加强大学生对法律的敬畏感。在大学生违法违规违纪时，出示承诺书表示其对违法必究事先知晓，同意高校的记录行为。在校期间表现良好的同学，承诺书也归入档案首页，有利于加强学生的法治意识。

2. 创新"互联网+"档案形式

为了适应现代信息化发展的需要，创新"互联网+"档案形式是提升档案管理效率和效果的重要举措。学校通过引入先进的信息技术手段，将大学生的违法违纪违规档案数字化，建立起一个全面、实时、可追溯的档案管理系统。这个系统不仅能够实现数据的快速录入和更新，还可以通过大数据分析，帮助学校更好地掌握学生的行为动态，及时发现潜在问题并采取相应措施。利用云存储和区块链技术，确保档案数据的安全性和完整性，防止数据被篡改和丢失。此外，开发移动端应用程序，使相关人员可以随时随地进行档案查询和管理，提高档案工作的便捷性和高效性。高校通过创新档案管理形式，推动自身治理水平的全面提升，保障学生的合法权益，促进校园的和谐稳定。

3. 持续完善档案管理运行机制

完善档案管理运行机制是保障档案工作有序进行的关键。首先，要建立健全档案管理的规章制度，明确各级管理人员的职责和权限，确保档案工作的规范化和制度化。其次，加强档案管理人员的专业培训，提升他们的业务能力和信息化水平，确保档案管理工作的高质量开展。通过制定严格的档案管理流程，确保每一份档案从生成、存储到使用和销毁的全生命周期管理。同时，建立定期审查和更新机制，对档案数据进行定期核查和更新，确保信息的准确性和时效性。完善档案的保密措施，保护学生的隐私权和信息安全，防止档案泄露和滥用。建立档案管理的绩效考核制度，对档案管理工作的质量和效率进行科学评估，激励档案管理人员不断提高工作水平。通过持续完善档案管理运行机制，提升档案管理的整体水平，确保大学生违法违纪违规档案体系的高效运行，为高校管理和决策提供有力支持。

档案的建立过程包括建档、档案的记录、档案的保存、档案的移送。

（五）健全完善大学生法治素养教育督导评估机制

加强和改进大学生评价机制，充分发挥评价的"指挥棒"作用，建立健全大学生网络法治评价体系是其基础，加快大学生违法违规违纪档案建设是其表现形式，建立健全大学生法治素养教育督导评估机制是其保障。建立健全大学生法治素养教育督导评估机制是提高高校法治素养教育的根本要求。该机制具体是指督导主体以大学生法治素养督导评估内容为依据对高校进行管理的运行方式。督导机制对加强和改进大学生法治素养评价发挥"指挥棒"功能具有保障作用。大学生法治素养督导主体为高校、教育部门以及社会，对象是大学生法治素养教育的情况。

本研究探索建立4个维度、8个一级指标、22个二级指标的评估体系。该指标体系具体内容可参见表5-2。

表5-2 大学生法治素养教育督导评估指标体系

维度	一级指标	二级指标
高校法治教学	高校法治教学内容	基础系统教材教学
		教学模式创新
		一校一课建设
		实践教学
		教学考评创新
		专业法律实践者讲座
	高校法治教学设施	法治图书馆建设
		模拟法庭建设
		智慧校园建设

续表

维度	一级指标	二级指标
高校法治建设经费	师资投入	教师法治素养培训
		讲座、研讨会投入
		法治教育人才引进
	活动投入	学生实践活动投入
		校园法治文化建设投入
	设施投入	文化设施投入
		实践设施投入
高校法治组织与制度	高校法治制度	校纪校规依法制定
	高校法治组织	依法治校
		依法治教
高校法治教育评价	评价方式	自测自评
		互相评价
		第三方评价

由此可以建立以"管办评"分离为创新的大学生法治督导的三位一体模式，宏观形成政府、高校、社会的权力分配体系——政府宏观统筹、高校依法实施、社会监督。"督学"、"督政"和监测促进大学生法治素养教育的落实，而权力分配体系与督导的机制又相互联系。

在高校中进行法治素养教育督导，也可参照高校内部教学督导。这种督导主要是指由高校根据一定的政策法规，在校内成立专门的机构或组织，聘请经验丰富的教师或管理人员，对本校内部的教学进行监督和指导的活动。高校可以依据自身特点设置分层级的督导小组。但是，在实践中，督导小组的组成人员大部分为退休老教师，设置小组工作内容模糊导致小组的实际效度不强。对此我们要加强"一线老师+督导"的全职督导成员的参与，依据各校不同的情况依法制定小组的督导内容，使工作有条不紊地进行。有了内容的执行方式，高校还应该进一步制定相关的奖惩机制，使不同级别的督导小组享有相应的处理权力，从而保障督导任务的有效执行。

1. 点面结合，全专合一

构建督导评估体系时，需兼顾"点"与"面"的平衡，实现"全"与"专"的融合。所谓"点"，即关注法治教育中的关键环节与重点人群，如课程设置、师资培训、学生参与度等；"面"则是全面覆盖教育全过程，包括教学、科研、实践等多方面。同时，通过"全专合一"的方式，既确保教育内容的全面性，又注重专业领域的深度挖掘，以实现法治教育的精细化与专业化。这一策略旨在确保评估体系的全面性与针对性，为大学生法治素养教育提供有力支持。

2. 挖掘特色，优势互补

在督导评估过程中，应充分挖掘各高校在法治教育方面的特色与优势，实现资源的有效整合与互补。不同院校可根据自身的办学定位与地域文化，发展独具特色的法治教育项目，如模拟法庭、法律援助、法治文化节等。通过横向交流与纵向合作，共享优质资源，借鉴成功经验，弥补自身短板，形成良性竞争与合作的氛围，推动大学生法治素养教育的整体提升。

3. 线上线下，共同发力

随着信息技术的迅猛发展，线上线下相结合的督导评估模式日益成为趋势。线上平台可以提供丰富的学习资源、互动交流的空间及即时反馈的机制，便于学生自主学习与教师远程指导。线下活动则强调实践体验与面对面交流，如实地参观法律机构、参与法治实践活动等，有助于加深学生对法治精神的理解与感悟。两者相辅相成，共同构建起一个立体化、互动式的法治教育环境，全面提升大学生的法治素养。

4. 全面检测，科学督导

督导评估机制应涵盖全面检测与科学督导两个层面。全面检测旨在通过定期与不定期的评估，对大学生法治素养的现状进行全面、客观的了解，包括知识掌握、技能运用、态度转变等多维度指标。科学督导则强调依据评估结果，运用科学的方法与工具，对教育过程与效果进行精准指导与调整。这要求评估体系具备一定的灵活性与适应性，能够根据教育环境的变化与学生需求的差异，及时优化督导策略，确保法治教育的质量与效果。

第二节　大学生法治素养培育的途径

大学生法治素养培育，要坚持主渠道与主阵地建设协同联动，建设好坚强有力的大学生法治素养培育阵地，线下网上阵地协同联动，与法治课堂教育一起同频共振，打造有力的法治工作队伍，繁荣高校校园法治文化，形成强大的教育合力。

一、提高法律课堂教学质量

（一）加强教材与课程体系建设

1. 教材与课程体系的协同优化

在法治教育中，教材与课程体系的协同发展是提升大学生法治素养的关键。教材作为教学活动的核心载体，其内容的深度与广度直接影响着学生对法治精神的理解与吸收。然而，当前高校法治教育中普遍存在的问题是，教材内容过于庞杂，课程设置缺乏针对性，导致教学效果不尽如人意。因此，深化教材与课程体系的改革，使之更加贴合大学生的学习需求与认知特点，成为亟待解决的课题。

2. 构建层次分明的教材体系

为克服教材内容庞杂、难以深入的弊端，构建层次分明、难度适中的教材体系成为改革的首要任务。这一体系应区分本科生、专科生与研究生的不同需求，前二者侧重于基础知识的普及，后者则需深化专业理论的研究。同时，教材内容应兼顾理论与实践，既包含法学基本原理、宪法、民法、刑法等核心法律知识，又融入贴近学生生活的法律案例，以增强教材的实用性和吸引力。

3. 创新课程设置，满足学生多样化需求

在课程设置上，应突破传统框架，设计出更加多元化、更具针对性的法治教育课程。根据不同年级学生的特点，课程内容可涵盖校园法律常识、就业法律指导、创业法律风险防控等多个维度。例如，针对新生，开设校园法规与权益保护课程，帮助其快速适应大学生活；面向高年级学生，推出就业法律指导课程，为其步入职场提供法律支持。此外，结合社会实践，开展模拟法庭、法律援助等实践性课程，让学生在实践中深化对法律知识的理解与应用。

4. 强化课程体系的动态调整机制

为确保法治教育的时效性与前瞻性，高校应建立课程体系的动态调整机制。这一机制需定期评估课程内容的有效性，根据社会需求与法律环境的变化，及时更新课程大纲，引入新兴法律议题，如网络隐私保护、知识产权维权等，以适应时代发展。同时，鼓励跨学科融合，将经济学、心理学、社会学等领域的知识融入法治教育，培养学生的综合分析能力和创新思维。

（二）推动法治课程与信息技术高度融合

1. 法治慕课：新时代法治教育的革新机遇

慕课（Massive Open Online Course，大规模开放在线课程）的兴起，为提升大学生法治素养提供了前所未有的机遇。其核心优势在于灵活性与资源共享。学生可根据个人时间安排，随时随地学习法律知识，不再受制于固定的教学时间与地点。慕课平台汇集了来自不同高校与学科领域的优质资源，多位专家共同参与课程设计，确保内容的深度与广度，实现真正的资源共享。此外，慕课的可回放特性，允许学生根据个人需求，反复观看难点内容，巩固理解，弥补了传统课堂的不足。

2. 慕课建设的现实挑战与对策

然而，慕课在法治教育领域的应用并非尽善尽美。当前，我国法治慕课建设面临两大挑战：一是课程质量参差不齐，部分课程过度追求数量，忽略了教学内容的深度与体系完整性，考核环节设计不合理，影响了学习效果。二是互动性受限，尽管慕课平台提供了论坛等交流空间，但文字交流难以替代面对面讨论的深度与即时性，影响了学习体验与知识的内化。

为克服上述挑战，高校应采取以下措施：首先，组织高水平师资团队，精心设计课程内容，确保法治慕课的学术严谨性与教学效果；其次，丰富课程资源，增加知识拓展模块与配套练习，满足不同层次学生的需求；最后，建立动态更新机制，根据法律环境变化与学生反馈，及时调整课程内容，保持课程的时效性与针对性。

3. 慕课与传统课堂的有机结合

实践表明，单一的慕课教学难以达到理想的教学效果，将慕课与传统课堂相结合，能够充分发挥两者的优势，提升法治教育质量。教师可以将慕课作为课前预习材料，引导学生自主学习，将课堂时间用于深入讨论与案例分析，实现知识的深化与应用。通过慕课平台的测试功能，教师能够实时评估学生的学习进度，及时调整教学策略，确保法治素养教育的实效性。

（三）围绕需求侧改进教学方法

科学合理的教学方法将使大学生法治素养的提高事半功倍。就必要性而言，当前，法治教育课程教学往往采用教师单向授课、学生被动接受的方式，这不仅难以激发学生求知的热情，也在一定程度上打击了教师的授课积极性，使得原本能够有效提升学生法治素养的"金课"，学生的抬头率、满意度不高，法治教育课程教学方法亟待转型。

法治慕课的推广可以拓展法治课堂教学。大量的法律知识能够在法治慕课中获取。因此，在慕课的帮助下，课堂教学的任务从知识讲授转变为知识传播、价值引领、素养提升的有效结合。一方面，要充分利用新媒体教学手段。通过视、听、说综合一体课件直观呈现重点，提高学生对法治教育的认同感及学习的积极性。在条件允许的情况下，教师可以通过在课堂上开展主题读书会、法律知识竞答等活动，使法治观念随着课堂教学潜移默化地融入学生的学习生活。同时，开设法学专业的高校还可以充分利用专业学生的知识优势，组织他们参与到有关的教学活动中，开创新型的法治教学模式。另一方面，要紧密结合法律实务开展教学。法律作为一门实践科学，具有较强的实践性，案例研讨、模拟法庭等形式将引导大学生在课堂上接触、思考发生在身边的法律问题，有效提升学生解决实际问题的能力。法学（法律）专业学生上思政课，涉及法律部分内容如何把握，是否与其他专业同学不同，都是需要把握的方面。对于非法学专业的学生，在教学案例的选择上，应有所区别对待。例如，可以针对近几年社会关注的案件进行案例分析，通过案例分析认识建设法治国家、依法治国的必要性。还可以针对一些案例中"正当防卫的限度"问题进行正反双方的辩论探讨，在唇枪舌剑中提升大学生的法治素养。在具体研讨过程中，要注重引导学生独立思考，结合理论知识形成解决纠纷的具体办法，从而综合提高大学生的法治素养。

总之，慕课承担知识讲授的任务，实体课堂则应探索更为活泼的方式教学，营造具体的情景进行案例分析，选择合适的选题组织双方辩论等。

二、强化法治社会实践教育

（一）实践教育的重要性

法治教育的最终目的在于促使学生将所学知识转化为实际行动，做到知行合一。无论是在慕课中汲取理论知识，还是在课堂上进行案例分析，这些理论学习虽然能够帮助学生理解法律条文，但缺乏实践环节，学生难以深刻体会法律在社会生活中的真实运作。因此，法治素养培育必须将实践置于核心位置，让学生在真实的法律环境中应用所学，通过实践加深对法律的理解，实现从学法到用法的飞跃。

（二）实践教育的双重功效

实践教育不仅能够让学生将抽象的法律概念转化为具体的操作技能，还能让他们在复杂的社会情境中锻炼批判性思维与解决问题的能力。通过参与法律援助、社区服务等实践活动，学生能够以法律人的视角审视社会现象，理解国情，反思所学，让知识内化为素养。更重要的是，实践教育能够培养学生的公民意识，使其认识到遵守法律不仅是个人的责任，更是对国家和社会的道德承诺。

（三）开辟"第二课堂"，构建实践平台

为实现理论与实践的紧密结合，高校应积极探索"第二课堂"模式，即在传

统课堂教学之外，创设丰富的法治实践活动。这包括但不限于与法律机构合作，如律师事务所、检察院、法院等，为学生提供实习机会，让他们亲身体验法律实践，面对真实的法律问题，提升法治素养。此外，高校还可与社区合作，组织学生开展法律志愿服务，如法律咨询、普法宣传等，既增强了学生的社会责任感，也提升了社区居民的法治意识，实现了双赢。

（四）法治实践基地的建设和优化

为了进一步强化法治社会实践教育，高校应着手建设或优化法治实践基地。这不仅需要与公检法司等国家机关以及律师事务所等社会团体建立紧密合作关系，为学生提供更多实践机会，还需要制定明确的标准与规范，确保实践基地的高质量运行。同时，实践教育的受益群体应从法学专业学生扩展至全校各专业学生，让法治教育成为通识教育的一部分，培养全体学生的法治精神。要注重实践成效，借鉴成熟的实习、实践活动经验，避免流于形式，确保法治实践基地在大学生法治素养培育中发挥实质性作用。

三、繁荣高校校园法治文化

繁荣校园法治文化，要教育和引导大学生加强对中华优秀传统文化的学习、传承和发展，坚定法治文化自信。要善于运用微信、微博、微视频等网络信息技术平台的优势，鼓励、支持和引导社会组织和公民创造导向鲜明、形式新颖、质量精湛的法治文化产品，加大高质量法治文化产品的供给，加强高校原创法治文化精品的创作与推广。

（一）建设校园法治文化

文化是一个国家、一个民族的根与魂。"文化自信是一个国家、一个民族发展中更基本、更深沉、更持久的力量。"法治文化对人的法治素养培育发挥着潜移默化的塑造作用。大学生法治素养培育需要着力繁荣高校校园法治文化，充分发挥高校校园法治文化对大学生法治素养的培育塑造作用。加强对中华优秀传统文化的学习传承，坚定法治文化自信，为高校繁荣法治文化奠定基础。

繁荣法治文化要以提升法治文化产品质量为关键。要鼓励、支持和引导高校师生发展，创造导向鲜明、形式新颖、质量优良的法治文化产品，不断丰富法治文化载体，提高法治文化产品质量，开拓法治实践渠道，同时充分借助网络阵地优势，不断加强法治文化氛围营造，繁荣法治文化。繁荣校园法治文化要充分借助已经形成的高校文化建设体制机制，借鉴有益经验，融入高校文化建设总布局，二者相辅相成、协同推进。

（二）加强法治主题教育

1. 法治主题教育的核心价值

法治主题教育不仅是法律知识的传授，更在于法治精神与价值观的涵养。相较于传统讲授式教育，法治主题教育更注重实践体验与情感共鸣，旨在培养大学生对法律的敬畏之心与对法治社会的信仰。加强法治主题教育，意味着将其贯穿于大学生法治素养培育的全过程，成为思想教育的核心内容，从而奠定法治素养的坚实基础。

2. 法律知识与法治精神的融合

法治素养的培育，离不开对法律知识的深入学习。只有掌握了法律的基本框架与运行逻辑，才能在此基础上形成法治思维，理解法治精神的本质。因此，法治主题教育应将法律知识教育与法治精神培养相结合，让学生在学习法律条文的同时，领悟法律背后的价值观与社会意义，实现知识与精神的双重提升。

3. 丰富法治主题教育内容与形式

为深化法治主题教育，高校应不断创新教育内容与形式，拓宽法治教育的边界。一方面，可以围绕重要法治事件纪念日，如宪法日、法制宣传周等，设计专题教育活动，让学生在参与中感受法治精神，增强对法治教育的认同感。另一方面，通过跨学科融合，将政治学、经济学、哲学等领域的知识融入法治教育，拓宽学生视野，培养批判性思维与综合分析能力，从而提升法治素养的深度与广度。

4. 创新法治主题教育模式

在教学方法上，法治主题教育应摆脱传统灌输式教育的束缚，转而采用参与式、体验式教学模式，激发学生的学习兴趣与主动性。利用新媒体技术，结合线上线下的互动平台，如虚拟法庭、法律沙龙、网络直播等，让学生在实践中学习，在交流中成长。同时，发挥教师的引领作用与学生间的朋辈教育功能，构建一个开放、互动、共享的学习环境，让法治教育更加贴近学生的生活与思考，实现知识的内化与能力的提升。

四、完善法治工作队伍保障

（一）强化法治教师专业发展

为了提升法治教师的业务能力，高校需制定明确的专业发展路径，包括定期的法律知识更新培训、教学方法研讨和法治实践参与。通过这些措施，法治教师能够不断吸收新的法律理念，提高教学和研究能力，从而更好地引导学生理解和运用法律知识。同时，高校应鼓励法治教师参与学术交流，拓宽视野，提升其在学术界的影响力。

（二）构建法治教育师资梯队

法治教育的深入实施，需要构建一支结构合理、层次分明的师资梯队。高校应重视法治教育师资的梯队建设，通过设立不同级别的教师岗位，为年轻教师提供成长空间。资深教师应发挥传帮带作用，通过指导和合作，帮助年轻教师快速成长。此外，高校还应与法律实务部门建立合作关系，为教师提供实务操作的机会，增强其实务教学能力。

（三）形成法治教育合力机制

法治教育是一项系统工程，需要家庭、高校、政府和社会的共同参与和协作。各参与主体应明确自身在法治教育中的职责和作用，形成合力。家庭应注重培养学生的法治意识和道德观念；高校应加强法律课程建设，提供丰富的法治教育资源；政府应制定相关政策，支持法治教育的发展；社会则应提供实践平台，让学生有机会参与法律服务和法治宣传。通过各主体的协同努力，构建全方位、多层次的法治教育体系，共同提升大学生的法治素养。

第六章 高校法治文化建设

第一节 高校法治文化建设的当代发展

一、高校校园法治文化建设的时代意义

(一) 有利于培育高素质人才

1. 高校校园法治文化建设能够为教书育人提供优质的校园环境

在高校的日常教学管理中，应当坚持依法办事的理念，遵守各项规章制度，以此保护高校及师生的合法权益。此外，要善于运用法律措施防范、调整和处理教育发展与改革中出现的新矛盾和新困难，使得教育问题的解决为各方满意，提高工作效率，努力促进和谐法治校园建设，推动我国高校教育事业蓬勃发展，为社会主义现代化建设培育高素质人才。在当前依法治国的大背景下，高校校园法治文化建设对于高校事业发展起着至关重要的作用。完善新时期高校治理体系和提升高校治理能力现代化水平，应当严格运用法治思维和法治方式推进高校的规范化、制度化和科学化建设，建立健全普法宣传机制，增强校园法治文化氛围，营造全校学法、懂法、守法、用法的良好校园法治风气，形成良好的校园法治环境。

2. 高校校园法治文化建设能够坚定师生思想政治信念

校园法治文化建设实际上是同校园思想政治教育相伴而生的，校园法治文化建设丰富了校园思想政治教育的内涵，校园思想政治教育又为校园法治文化建设提供了有力支撑。在实施依法治国战略和建设社会主义法治国家的进程中，国家重视校园法治文化建设，不仅能够促进法治的良好、有序发展，而且能够改善高

校的思想政治教育问题，对于重塑高校师生的思想道德、规范行为举止具有显著的促进意义。公平、正义、自由与平等等法律价值理念不仅仅是高校校园法治文化建设的重要内容，同样也是高校思想政治教育的应有之义。高校教育能够将这些内在的价值理念外化到师生的行为当中，最终形成遵法、守法、懂法、用法的好习惯，规范、指导自己的行为。在当今实现中国梦的伟大历史进程中，高校师生不能"两耳不闻窗外事，一心只读圣贤书"，不仅要掌握全面的专业知识，还要具备相应的法律专业知识，锻炼法律思维和增强法治信仰，提高当代高校师生的法律素质，善于运用法律手段解决学习和工作中遇到的问题。当代高校师生应该是掌握着某些领域专业知识的精英群体，是当前乃至今后社会各个领域的中坚力量，肩负着中华民族伟大复兴的历史重任。加强校园法治文化建设，不仅能坚定高校师生的思想政治信念，增强综合素质，为社会主义现代化建设输送精英人才，而且也能促进当代中国法治教育的发展与进步。

3. 高校校园法治文化建设能够重塑法治人格和独立人格

加强高校校园法治文化建设，培育高校学生法治文化精神，不仅要将法治文化精神内化于心，更要外化于行。注重高校学生法律素质的提高，培养他们的权利义务意识和规则意识，使其能够在日常的学习生活中遵纪守法，严于律己，自觉践行法治与德治的各项要求，言行举止与内心活动能够契合社会主义法治建设的基本要求。高校校园法治文化建设的重要目标之一是培育大学生的法治人格，即大学生依据法律法规适当行使其权利、积极履行其义务的人格。加强高校校园法治文化建设还有利于形成大学生的独立人格。法律既不是镌刻在大理石上，也不是铭刻在铜表上，而是铭记在公民的内心里。法律作为一种强制性的外在行为规范，只有社会成员在内心里信仰它、崇敬它，最终才会内化于心，形成内心的理性准则，进而指导自身的外在行为。加强高校校园法治文化建设不仅能够提升大学生的综合法律素质，更为重要的是让其吸收法律的规范意识与法治理念，最终形成内心的法律信仰，克己自律、自我约束，最终完善人格。法治是法律治理的最高形态，法治要求在保护自身权利的同时，又保证其他人的权利不被侵犯，能够平等地处理社会关系。因此，个体的独立人格塑造也是法治对于每个人的要求，通过加强校园法治文化建设，以法治的理念去塑造大学生的独立人格。

（二）法治校园建设的重要途径

要建设社会主义法治国家，必须坚持法治国家、法治政府、法治社会一体建设，坚持依法治国和以德治国相结合，依法治国和依规治党有机统一，深化司法体制改革，提高全民族法治素养和道德素质。高校是孕育人才的摇篮，是培养社会主义事业建设者和接班人的理想阵地，在社会主义现代化建设过程中起着事关全局的重要作用，并最终推动我国社会主义法治的建设。纵观世界各国的校园法治文化发展，不外乎体现在两个方面：一方面是法治研究，通过开展普法宣传活动，陶冶师生法律情操，增强法律素养；另一方面是高校的管理建设，通过法制化方法与手段提高高校治理结构和治理科学化与现代化水平。

高校校园法治文化建设是校园法治形成的重要条件，如何更好地推进高校校园法治文化建设，可以从以下几个方面进行深化落实。

1. 毫不动摇地坚持党的全面领导，建立健全党委领导下的依法治校管理体制和工作机制

首先是完善顶层制度设计。高校章程起着总揽全局的重要作用，高校应当根据相关法律法规，结合高校的实际情况，制定相关高校章程。高校章程是高校设立、运行、发展的合法性前提和基础；高校章程不仅是高校落实自主管理、自主办学的基本依据和重要保障，还有利于引导高校的学术化回归。其次是重视法治建设。始终坚持把校园法治文化建设作为高校工作的重要内容，各级领导干部要善于运用法治思维和法治方式来解决纠纷、开展研究。始终坚持民主集中制，对于"三重一大"等事项做出决策时必须经过集体讨论。最后是健全、完善工作机制。党是中国特色社会主义事业的领导核心，在高校中应当坚持和完善党委领导下的校长负责制。校长作为高校的法人代表，必须始终坚持校党委的领导，结合高校实际情况，成立依法治校领导小组，积极推动校园法治文化建设。

2. 不断深入强化法治意识，创新依法治校治理结构

首先是完善法治工作机构。高校根据实际情况，可以设立校园法治办公室，主管高校日常的法律事务，参与审议高校签订的合同、协议，解决校园内发生的

各种纠纷，开展法治文化讲座，组织法律培训，同高校的法治顾问机构保持密切联系等。其次是实施法律顾问制度。当前，各级政府及事业单位聘请法律顾问已经成为一种趋势，高校作为事业单位也应当聘请相应的法律顾问，为高校的教学管理及对外交流提供法律服务，为高校的法治化建设保驾护航，这也是校园法治文化建设的应有之义。最后是将校园法治文化建设列入高校发展规划，进行统筹布局。各个高校都应当将校园法治文化建设纳入年度考核目标，深入评析校园法治文化建设过程中存在的不足，强化法治管理大格局，做到依法治校工作有目标、有步骤地稳步推进。

3. 始终坚持"三个结合"，不断提高高校校园法治文化建设水平

首先，坚持依法治校与全面从严治党相结合。在新时代，要切实推进高校教育系统全面从严治党、依法治校工作向纵深发展。要认清形势，强化担当，切实履行主体责任；加强领导，健全组织，夯实高校党建基础；定格落实，全力推动，提升党建质量。高校各级党组织要牢固树立"围绕党建抓教学，抓好党建促教学"的理念，全体党员应当认真履职，在教师队伍中充分发挥党员的先锋模范作用。全体教师干部职工要把握廉政建设新形势，做政治上的"明白人"；认真贯彻落实中央八项规定，做作风转变的参与人，要持续加强作风纪律建设，规范行政，依法治校，促进全面从严治党和依法治校工作向纵深方向发展，营造出良好的校园法治文化氛围。其次，坚持依法治校与民主管理相结合。一方面应当全面推行校务公开。公开高校中的职能部门设置、工作权限及监督投诉方式，涉及高校的重大决策事项也应当及时公开，进一步提高公开的透明度。建立校园监察委员会，加强民主监督，充分发挥教师代表大会、职工工会、学生会等校园团体的作用，使高校在阳光下运行、管理。另一方面，拓宽民主参与渠道，高校可以根据实际情况成立各种委员会，对于高校的日常教学、管理等重大决策事项可以向专家、学者请教。最后，要毫不动摇地坚持依法治校与维护稳定相结合。伴随着社会的发展进步和高校的办学体制改革，在高校的内部教学管理和外部合作中涉及越来越多的纠纷，高校所面临的民事法律争端呈现出增多的趋势。据此，应当建立健全对外接访制度，针对师生提出的问题应当认真倾听，及时解决。制定安全防控机制，将高校中出现的不安全因素消灭在萌芽状态；完善校园规章制度

建设，提高规章制度的法治化水平，营造出良好的校园法治环境。

二、推动高校校园法治文化建设的践行落实

在全面推进依法治国的大背景下，应当对高校中校园法治文化建设存在的一系列问题高度重视，高校之事绝无小事，事关社会主义事业接班人的培养。为了不断推进中国的法治化进程，依法治校，培育高素质人才，应当不断推进高校校园法治文化建设。

（一）高校校园法治文化建设应当被高度重视

高校法治教育是依法治校的重要组成部分，能够解释当今高校法治建设过程中存在的一系列问题，能够深刻反映我国法治教育的根本目标与发展前景，影响面极为广泛，具有重要意义。校园法治文化建设的成功与否，直接影响着高校法治教育的目标能否实现。不言而喻，高校法治教育的目标就是培养具备法律素养的高素质人才，从而更好地促进大学生的全面发展，为当前法治中国建设贡献出自己的力量，这是新时代每一个高校学生的义务与责任。

1. 高校应系统地教授高校学生法律知识，增强其法律素养

在校期间是高校学生学习知识的黄金时期，高校应当组织教学，系统地教授高校学生法律知识，使他们构建起最基本的法律框架。根据当前我国高校法律课程的开展情况，那些学生必须掌握的法律知识的课程必须开设，如法理学，其中涉及很多法学最基本的概念，对于高校学生了解法律学科、系统地掌握法律知识至关重要。此外，还应当结合学生自身专业的特点，有重点地开设相关法律课程。

2. 应当将培育大学生的法律意识作为核心要务

高校大学生的法律意识培养是一项系统工程，应当分步骤进行，第一是大学生的法律心理教育，第二是大学生的法律观念培养，第三是大学生的法律思维培养。高校大学生养成良好的法律意识，有利于规范自身的行为，养成良好的生活习性、行为习惯，所以，应当大力加强高校学生法律意识的培养。校园法治文化建设过程中应当注意引导大学生将感性认识上升到理性认识，从法律心理着手，

逐步引导高校大学生形成理性的价值观念。

3. 校园法治文化建设的重要目标之一是要提高学生的法律能力

"青年兴则国兴,青年强则国强",着力培养青年学生的法律能力不仅是党和国家的基本要求,也是经济社会发展的客观需要,更是建设"双一流"高校的应有之义。到底何为法律能力呢?简言之就是能够将法律意识内化于心、外化为自己的行动指南,用来处理日常矛盾纠纷的一种能力。法律能力的内涵丰富,是由学法能力、守法能力和用法能力三个方面构成的。因此,高校应当加强大学生这三方面的能力训练,增强学生的法律能力,提高法律素质,使其用法律的手段来维护自身的合法权益。首先,高校应当培养大学生的学法能力,使其能够更好地掌握更多的法律知识,为其以后步入职场和服务社会打下坚实的基础;其次,要加强大学生守法能力的锻炼,使其做任何事情都符合法律的相关规定,自觉维护宪法、法律的权威与尊严,敢于同一切违法行为做斗争;最后,要提高用法能力,培养大学生对于法律规定的敏锐度,通过开展一系列的法治宣传教育,使得大学生了解如何才能更好地运用法律来维护自身的合法权益,或者是维护除自身之外的其他主体的合法权益。法律能力的培养离不开大学生的切身参与,大学生应当积极投身于法律实践,通过多接触相关事件来提升自身的法律素质。高校也应当为大学生法律能力的培养提供更多的机会,提升其法律素质,使其早日成为合格的社会主义事业接班人。

(二)不断提升高校校园法治文化建设的实践效果

1. 广泛普及法律知识

高校校园法治文化建设是全面推进依法治国和依法治校背景下高校治理的基本模式,提高广大师生对法治的理解是推进高校法治文化建设的前提条件,是从思想意识层面对法治的深刻理解和广泛认同。必须精准理解"法治是什么""法治的目标是什么""法治的精神实质又是什么"等问题,如果对于这些基本问题的理解不够准确、不够到位,就很难在实践中推进法治建设。当前,一些人对于法治的印象是法治离自己很遥远,对于法治处于无意识状态。因此,高校应当加大普法宣传力度,向大学生宣讲法律知识,使他们具备基本的法律知识和法律素养。

（1）要加强宪法知识的学习

宪法作为我国的根本大法，是治国安邦的总章程，对于宪法知识的学习显得尤为重要。将学习宪法知识放在学习法律知识的首要位置，这是由其独特的历史地位所决定的，也足以证明其重要性。学习宪法知识，有利于更加深刻地理解宪法的实质精神，有利于树立宪法权威，深刻地理解中国特色社会主义新时代我国大力推进社会主义法治建设的重大历史决定；学习宪法知识也能够更好地激励当代大学生以社会主义事业建设者的身份投身于高校校园法治文化建设。

（2）注重其他部门法律知识的学习

宪法作为治国安邦的总章程，起着总领全局的作用，实践中，很多问题的解决需要相应的部门法律规则，因此还需要加强部门法的学习。其他部门法可以分为实体法和程序法，实体法包括民法、刑法、行政法、公司法、商法等部门法，程序法包括民事诉讼法、行政诉讼法、刑事诉讼法等法律。通过对实体法的学习，对基本的法律知识有着更为系统的了解，可以帮助在校大学生掌握更多的法律知识，明确建设社会主义法治校园过程中应当注意的法律问题，界定社会生活中的各种法律底线，明确法律与道德的界限，增强大学生对于法律的了解程度。了解实体法更加有利于明晰宪法中的相关规定，有助于树立宪法、法律权威。学习程序法能够更好地了解当前我国法律案件的办理过程，有助于增强大学生的程序正义的理念，能够逐步培养大学生法治思维能力和法律能力，使其能够运用法律手段来维护自身的合法权益。学习部门法，有助于当代大学生更好地理解马克思主义法学，提高其法律辨别的能力，在思想上重视法律的各项规定，在日常活动中以此为指引，更好地指导其社会生活，也有利于为法律信仰的养成打下坚实的基础。

2. 培育高校学生的法治理念

国家的立法、执法、司法活动应当以法治思想和法治理念为基础，法治理念对国家的法治活动起着总领的作用，具有指导性建设意义。对于每个公民来说，法治理念是其对国家法律历史、现行法律规定、法律活动等的概括总结，深深地根植于其内心深处，是其进行法治活动的精神指引，对其在日常生活中的法治习惯的养成具有重要意义。当前，在建设"双一流"高校的大背景下，高校开展校园法治文化建设活动，不仅仅是向大学生普及法律知识，提高他们的法律素养，更重要的是培育他们的法治理念。大学生具有了坚定的法治理念，就能够逐步形成法治思维，并以此指导他们的法律行为，可以更好地使高校大学生投身于校园法治文化建设，为社会主义法治文化的发展贡献出自己的力量。培育高校大学生的社会主义法治理念，应当从以下几个方面入手。

(1) 开展依法治国的主题宣讲活动

当前，建设社会主义法治国家必须毫不动摇地坚持依法治国的基本方略，这就要求大到国家、政府，小到公民个人，都必须遵守法律的规定，将自己的行为限定在法律允许的范围之内，要将权力关在制度的笼子里。公民个人应当养成自觉遵守法律的好习惯，善于运用法律思维和法律方式来看待问题、处理问题。在加强高校法治校园建设的背景下，开展依法治校主题宣讲活动，有利于让大学生更好地理解依法治国的含义、内容及意义，有利于树立宪法法律权威，有利于法治校园的建设。

(2) 应当将执法为民作为本质要求

人民代表大会制度是我国的根本政治制度。国家的一切权力属于人民，人民是国家的主人，因此，社会主义法治理念必须将执法为民作为本质要求。在建设高校校园法治文化的过程中，宣讲执法为民的社会主义法治理念，有利于让在校大学生树立起"以人为本，保障人权"的基本理念。大学生作为社会主义事业的接班人，从内心深处确立以人为本、执法为民的信念，在其今后投身社会主义现代化建设的过程中，有利于其处理好各种涉及人民利益的关系。

(3) 以公平正义为追求目标

公平正义作为社会主义法治理念的重要内容，彰显了社会主义和谐社会的价值追求，大学生作为接受过高等教育的精英群体，应当更多地关注公平正义。在建设校园法治文化的过程中，应当对大学生宣讲公平正义这一理念，让在校大学生更好地理解公平正义这一价值追求的内涵，并以此作为价值追求目标。只有这样，社会才能进步，法治社会才能更早全面建成，人民群众的利益才能从根本上得到保障。应当明确的是，法治的建设是全社会实现公平正义的最便捷、最有效的方式。

（4）毫不动摇地坚持党的全面领导

社会主义现代化建设的核心是坚持党的领导，党的领导是社会主义法治建设的灵魂，是社会主义法治国家建设最根本的保障。在法治校园的建设过程中，培育大学生的法治思维和法治观念，必须深入贯彻党的领导，以人民的利益为最根本的利益，方可发挥社会的最大活力，才能更好地建设社会主义法治国家，才能更好地兼顾到最广大人民群众的根本利益。

3. 重点培养法律能力

法律能力的形成并不是一蹴而就的，而是一个长期积累的过程，需要大学生在不断学习法律的基础上，通过法律实践，最终将法律知识转换为自身的法律能力，解决日常生活学习中的种种矛盾，维护自身的合法权益。法律能力的塑造实质上是一个感性认识向理性认识飞跃的过程。培育大学生的法律能力不能仅仅依靠法律知识的传授、法律理念的学习，若高校与此同时能开展相关的法律实践活动，将更加有助于大学生将法律知识转化为法律能力。高校大学生作为接受过高等教育的精英群体，培育自身的法律能力应当作为校园法治建设的一项基本任务。对于大学生而言，法律能力不仅仅体现为运用法律的方式来解决纠纷，更重要的是可以用法律思维、法治观点来看待社会。

学法、懂法、守法、用法是培育大学生法律能力应当具备的四个步骤，其中守法具有丰富的含义，既指能够用法律方法、法治思维来处理各种日常事务，还指可以运用法律手段维护国家、社会、集体、自身的合法权益。如今，社会上存在一些损害宪法法律的权威与尊严的行为，在建设法治校园的过程中应当同这种行为做斗争，自觉维护宪法法律尊严。

（三）培育大学生的法律信仰

法律信仰对社会主义法治建设起到了至关重要的作用，甚至影响了社会主义法治建设的进程，因此，必须培育民众对法律的信仰，以此来促进社会主义法律秩序的构建。回顾改革开放以来的法治建设，法律信仰在法治国家建设过程中显得尤为重要，它是建设法治国家的重要因素，是公民对于宪法法律权威地位的强烈信念，是宪法法律至上的体现。若是缺乏了法律信仰，社会主义法治建设的各个过程也就难以顺畅进行。因此,高校应当将培育大学生的法律信仰作为法治校园建设的重要一环,在大学生内心树立起宪法法律的权威地位和法律至上的观念。

1. 要增强权利意识,这是培育法律信仰的前提条件

权利是一部法律的重要组成部分,一部没有权利内容的法律是不能引起公众的共鸣的。权利意识的增强引导公众对于法律的认同,有利于人们法律信仰的养成。同时,对法律的信仰反过来又势必会推动权利意识的增强。如若缺乏权利意识,法律规定的权利只是规定在纸上,不会转化为现实中的权利。在依法治校的背景下,加强校园法治文化建设的同时,应当将大学生权利意识的培养作为一项重要内容,深入大学生的内心世界,让宪法、法律的权威在大学生心中生根发芽。

2. 要增强师生对于法律信仰的感受与认同

法律信仰具有亲历性,不是凭空产生的,而是基于人们对法律的自觉信服和认可,通过自己参与到法律实践过程中,借助一系列的个人实践、亲身经验而逐步产生的。因此,高校在建设法治校园文化的过程中,应当注意培育师生对于法律信仰的切身感受,只有这样,才能激发其对法律的热情,促进法律信仰的形成。

三、高校校园法治文化建设的品牌化发展

当今时代是网络自媒体高速发展的时代,信息种类呈现出纷繁多彩的情势,信息传播日新月异,极大地丰富了我们的生活,但是也存在着一些不好的信息,一些网络传播的信息并不符合当今社会主流思想,与社会主义和谐社会的主题背道而驰,污染着良好的社会主义建设的大环境。当前的法治建设也受到一定影响,而作为培育社会主义事业接班人的高校更是首当其冲,因此在高校校园法治文化建设过程中应当凝心聚力,聚焦时代精神,大力发展符合时代要求的品牌化校园法治文化。

网络信息技术快速、便捷,使得网络文化在高校大学生群体中广泛传播。区别于以往的面对面交流,网络媒体具有独特的虚拟、自由等显著特点,容易为广

大学生所接受。高校开展品牌化的法治文化建设，可以结合网络自媒体的优势，创建优秀、和谐的校园法治文化，这是高校法治文化建设的一项重要任务。此外，我们要深刻把握品牌的内涵，品牌实际上是虚拟的，是客观存在的事物在人的主观意识中凝聚后的一定反映，具有抽象化的特点。品牌的最大作用在于差异化认识，结合当前高校校园法治文化品牌化发展，应当鼓励高校共青团团学活动的品牌化发展，提高团学工作的影响力。

高校是培育社会主义事业建设者的重要基地，也是团学活动工作开展的重要载体，故而，打造出优秀的品牌是当前高校共青团发展校园法治文化的重点，也是当前高校工作中的重要课题，具有重要意义。因此，应当着力于以下三点建设。

（一）坚定法治理念，构建良好校园氛围

一切的社会行动都应当以理念作为行动指南，社会主义现代化法治理念和法治思维是培育社会主义法治文化的应有之义。我国是社会主义国家，这就决定了高校法治文化建设必须是为社会主义现代化建设服务的，高校校园法治文化建设应当遵循社会主义法治理念，并以此为指导。营造良好的校园法治文化环境不仅仅是为法治校园服务，更是为建设社会主义法治社会所服务，有利于防止当前社会中"官本位""权大于法"等社会现象的产生。高校校园法治文化建设是一项浩大的工程，必须有着强有力的领导，因此，在毫不动摇地坚持党的领导的前提下，各级领导干部应当充分发挥先锋模范作用，善于运用法治思维和法治方式来解决高校法治文化建设过程中遇到的各种问题，将高校中的日常教学管理工作纳入法治化的轨道，这也是高校法治化建设的具体体现。同时，高校中的全体师生应当保持对法治校园建设的高度热情，积极投入其中，特别是法学院的师生更应当发挥自身的专业优势，定期在高校内开展普法宣传教育、法律知识竞赛等活动，激发全校师生的学法热情，使其真切地感受到社会主义法治的信念和力量，最终在高校中营造出浓郁的校园法治文化氛围。

（二）送法入社区，使法治深入人心

高校建设校园法治文化最终是为社会主义法治建设服务的，校园法治的建设

要做到内外兼顾，不仅仅只是局限于高校内部的建设，还要走出去，开展一系列的法治服务活动，其中以"送法入社区"最为典型。社区是构成当今社会的基本单位，类似于社会村落，是社会上的部分个体聚集的地方。古代的村落中存在着族规、村规，管理者以此来维持正常秩序。而现代中国社会中的社区是以社会主义性质的法律来进行规制的，但是仍有一些居民或是没有受过法治教育，属于"法盲"，或是法治观念淡薄，遇事从来不讲法律，而是通过人情、找关系来解决，甚至是最后诉诸武力，为社会主义法治社会的建设增加了阻力。高校通过开展送法入社区活动，不仅可以检验在校大学生的法律素养，而且能够使其更好地走进社会，了解到真正的社会现象，并发现自身存在的不足，适时做出改变，最终成为一名能够真正为社会主义现代化建设服务的青年。更为重要的是，高校开展送法入社区的主题教育活动，实际上也是当前校社合作的新举措，这样可以让社会民众更好地了解社会主义法治的理念和精神，充分调动他们学习法律的积极性，对于社会主义和谐社会的建设大有裨益。

（三）打造校园法治文化建设品牌

利用网络新媒体，着力打造有影响力的校园法治文化建设品牌，"以点带面""点面结合"，构建高校校园法治宣传的长效机制。当前的高校校园法治文化建设，可以借助网络新媒体，开展一系列的主题活动，如"法治联播""奔跑吧，法律人""法治大联欢""向往的生活，法治社会"等活动，类似于综艺形式的法治宣讲教育活动，活动形式清新幽默，诙谐轻松地将法治理念和法治精神传播给社会公众，采取线上和线下相结合的方式，开展这些社会大众所喜闻乐见的法治教育活动，打造强有力的校园法治文化品牌，有利于引起社会群体的共鸣，激发起社会群众法律学习的热情，有利于我国社会主义法治国家的建设。

校园法治文化的品牌化建设是一项系统性工程，应当明确以下几点：首先，校园法治文化建设应当主题明确，凸显时代精神，彰显"法律面前人人平等""尊重与保障人权""民主政治""和谐社会""公平正义"等价值理念。其次，开展人民群众喜闻乐见的校园法治文化活动是建设社会主义法治国家的必然要求，也是建设社会主义和谐社会的应有之义，更是依法治校的社会化体现。再次，品牌化法治文化的开展应当具有持续性，这一特殊性决定了校园法治文化建设需要经历一个漫长的发展过程，活动的常态化机制必不可少。最后，品牌化活动的内容应当具有特色，容易引起人们的共鸣，这样不仅有利于学生在轻松和谐的氛围中学习法律思维与法治理念，而且有利于法治理念在社会中的传播。

第二节　社会主义核心价值观推进法治文化建设

一、社会主义核心价值观与高校法治文化建设

（一）充分发挥社会主义核心价值体系的引领作用

所谓引领者是指能够指引事物发展方向的个体或群体。既然其能够起到引领的作用，那么就必须具备一定的超越性、包容性和可信性，才能够整合、吸引事物受其引导。社会主义核心价值体系就是这样一个在当代中国具有主导价值观地位的思想体系，对我国当前经济基础条件下的每一位社会成员的价值目标、价值标准、道德品质等方面都提出了集中要求，以其强大的包容力、统摄力成为连接各民族、各阶层的精神纽带。社会主义核心价值观必须以社会主义核心价值体系为引领，并将其贯穿于每一位社会成员的价值观的形成、凝练和培育过程。

社会主义核心价值体系引领功能的发挥场域主要是在精神层面，即主要引领社会精神生活，并通过精神生活的引领来促进人的发展和社会进步。引领人的精神发展，是社会主义核心价值体系引领功能在微观层面上的体现。社会发展进步归根结底在于人的发展，而在人对社会发展的作用中，人的思想精神对社会发展的意义尤为重要。人的精神发展需要社会提供一整套观察世界、判断事物的基本标准，需要主流价值观念与先进文化的引领。社会主义核心价值体系提供了社会和谐发展所需要的文化认同和价值追求，对国民精神的发展与建构有重大的引领作用。

在核心价值观的目标建构上，马克思主义科学理论作为指导思想，在核心价

值观的建构中起着方向性的引领作用；在核心价值观形成初期，社会主义核心价值体系起着熏陶引导作用；在核心价值观形成时期，社会主义核心价值体系起着教育引领作用；在核心价值观已基本形成时，社会主义核心价值体系起着精神归属作用。马克思主义理论、爱国主义和时代精神、社会主义理想和社会主义荣辱观，一直以来都是社会思想的主流，已经深入人心。社会主义核心价值体系将这些内容核心加以提炼，在科学而有力的舆论氛围、文化辐射、政策激励和制度安排下，既能引领群众的思想又能服务群众，具有强大的向心力和凝聚力。因此，在这种氛围下，人们在价值观形成初期就会受到社会主义核心价值体系潜移默化的影响，在为人处事上不自觉地就会存在主流价值观的痕迹。

每一个个体、群体都有自己的价值观，有的与社会主义核心价值体系保持一致，也有的与核心价值体系不相容，甚至相背离。

因此，在新时代我国迫切需要社会主义核心价值体系来提升人民大众的价值判断和道德水准，及时矫正和引领，促进大众健康价值观的树立。而这对于高校校园尤其重要，"价值观是关于价值的一定信念、倾向、主张和态度的系统观点，起着行为取向、评价标准、评价原则和尺度的作用"。价值观直接决定人的价值追求和选择，要发挥社会主义核心价值体系对核心价值观的引领作用，就要帮助大众确立积极的价值取向，具体可以分为四个方面。

首先，以马克思主义指导思想引领正确的政治价值观。在多元化背景下，引导高校大学生运用马克思主义指导思想来认识复杂的社会现象，坚持马克思主义基本原理同中国的具体实践相结合，正确认识和把握社会发展规律，增强对马克思主义的价值认同，坚定中国特色社会主义信念。

其次，以中国特色社会主义共同理想引领明确的人生价值观。建设中国特色社会主义是当今社会的共同理想，是当代中国发展进步的伟大旗帜。加强中国特色社会主义共同理想教育，帮助人们特别是大学生正确分析和认识当前社会发展过程中的矛盾和冲突，使他们把个人理想与社会理想有机统一起来，激发建设中国特色社会主义的政治热情和精神力量，增强责任意识。

再次，以民族精神和时代精神引领丰富的精神生活。引导青年学生树立以爱国主义为核心的民族精神和以改革创新为核心的时代精神，以推动中华优秀传统文化的继承，使人们自觉树立责任感、承担历史使命，在多样化的思想观念和社会思潮面前坚持正确的价值取向，推动社会主义核心价值观的有效培育。

最后，以社会主义荣辱观引领高尚的道德价值观。爱国主义和集体主义集中反映了中华民族的传统美德，是不同社会群体最基本的价值取向和行为准则。社会主义荣辱观为社会成员判断行为得失、做出道德选择提供了标准，让人们学会分善恶、判美丑、知荣辱。

（二）社会主义核心价值观融入高校法治文化建设的意义

核心价值观是一个社会的道德底线和价值基础，所以应把培育和弘扬社会主义核心价值观作为凝魂聚气、强基固本的基础工程。该工程的基础意义对于当前中国法治建设尤为重要。现代法治是建立在社会成员普遍的法律信仰之上的，而信仰的源泉是处于文化深层的价值观。我国法治建设虽已取得巨大成就，但也存在突出问题，特别是当落实到具体的立法、执法、司法、守法等实践环节时，效果欠佳甚至有时走样变形，其中一个重要原因是，我们的法治缺少法治文化的支撑和价值观的滋养。将社会主义核心价值观全面融入法治建设，"有助于使法治成为一个'本土化''民族化'的精神符号，加强民众对法治的理解和接纳，最终使敬法、遵法、守法成为全社会的思想共识"。

社会主义核心价值观与高校法治文化建设是高校治理现代化的两大抓手，就实质而言，前者是"以德治国"逻辑的当代延续和创新，破解社会主义核心价值观与高校法治文化建设的关系问题，其实就是在当代历史格局和境遇中深化解决"以德治国"与"依法治国"的关系问题。尽管社会各界多年来一直在提"以德治国"与"依法治国"相结合，但实事求是地说，两者到底为什么结合、怎样结合，在理论上我们并未讲深、讲透，致使结合往往停留于口头上。如果说"结合"是使两种事物通过某种方式和中介建立外部联系但尚未实现真正的身心交融，那么今天提出的全面融入模式则是在力图推进这一问题的解决。

法律只有体现社会道德的要求，只有与全体社会成员共同追求的价值理念和目标取向相一致，才能具有持久的约束力和生命力。高校法治文化建设的理想目标是实现校园和谐发展，培养高素质人才。这些都须通过价值观的引领来实现。

良法之"良"，善法之"善"，既是一种以人文关怀为起点的应然期待，又是一种以秩序构建为落点的价值要求。

社会主义核心价值观融入高校法治文化建设有利于在高校中践行社会主义核心价值观。在高校中践行社会主义核心价值观能够促进大学生成才，也是实现中华民族伟大复兴的中国梦的伟大支撑。以社会主义核心价值观推动高校法治文化建设，可以为高校培育和践行社会主义核心价值观提供一个广泛的参与平台，丰富和拓展社会主义核心价值观教育的实现方式。高校中的大学生相对于其他人群所掌握的知识要更加丰富，能够更好地理解和接受社会主义核心价值观的要求。国家的未来在于广大的青年学生，这要求大学生在具体的实践过程中，不仅要积极加强对相关知识的学习，同时也要积极参与相关的社会实践活动，更好地推动社会主义核心价值观在具体生活中的运用。

社会主义核心价值观融入高校法治文化建设也有利于社会主义核心价值观的培育和弘扬。社会主义核心价值观的培育需要从小抓起，覆盖到所有高校和受教育者，通过课堂教学、社会实践、校园文化多元融合，构建全方位的教育平台。要践行社会主义核心价值观，只有人们真正理解了社会主义核心价值观的要求，同时能够以社会主义核心价值观的要求来指导自己的生活，这样社会主义核心价值观才能够真正在社会中得到普及，核心价值观的认同与普及是整体工作的第一步。高校需要丰富的实践载体、广泛的参与路径，以此来丰富社会主义核心价值观的实现形式，扩大社会主义核心价值观的传播，促进社会主义核心价值体系宣传教育的实际效果。高校在整个社会群体中占有十分重要的地位，高校是人才与知识的聚集地，加强社会主义核心价值观在高校的普及与认同，在整个国家培育社会主义核心价值观的工作中占有重要地位。

社会主义核心价值观融入高校法治文化建设更有利于提升高校文化软实力。高校校园文化建设的重要部分是高校法治文化的建设，包括隐性的理念文化和显性的制度文化，主要是要提高广大师生的法治意识，为社会培育更优良的人才；它与高校的历史文化、社团文化、办学精神、人才培养目标等融为一体。高校法治文化融合于整个价值观普及与培育工作的各个方面，它与校园文化的建设相辅相成、殊途同归。在高校推进法治文化建设的过程中，广大师生也在无形之中形成了平等、民主、法治的思想理念，懂得了要重视法律的作用，增强遇事找法、化解矛盾靠法的法治意识，也提升了高校各个领域的规范性。

年轻人尤其是青年大学生是党和国家的未来，是实现中国梦的中坚力量，是推进依法治国的主力军。全面推进依法治国需要全社会共同参与，需要全社会增强法治观念，必须在全社会弘扬社会主义法治精神，建设社会主义法治文化。高校是人才培养的主阵地。我们必须加强校园法治文化建设，使青年大学生在多种途径下形成和涵养自身的法治精神，知法守法。我们更需要在现实生活中自觉遵守价值观的要求，自觉参与到校园法治文化的建设与传播中去，夯实人才培养基础工程。

二、社会主义核心价值观与高校法治文化建设的融合发展

（一）高校法治文化与社会主义核心价值观的契合性

①高校法治文化与社会主义核心价值观内涵上的统一。法治是社会主义核心价值观的基本价值要素，高校法治文化的价值包含于社会主义核心价值观之中。我国所倡导的高校法治文化是包含着自由、平等、民主、正义、和谐、秩序等多方面丰富价值的，具有强烈价值取向特色的价值观念。这些价值观念又被社会主义核心价值观所包含。富强、民主、文明、和谐是社会主义高校法治文化的总体目标，自由、平等、公正、法治是社会主义高校法治文化的核心精神，爱国、敬业、诚信、友善又是培育社会主义高校法治文化的源头活水。社会主义核心价值观，把涉及国家、社会、公民的价值融为一体，既体现了社会主义本质要求，继承了中华传统文化，也吸收了世界文明有益成果，体现了时代精神。社会主义核心价值观是对社会主义本质要求的概括，与社会主义本质有着内在的统一性。高校法治文化作为一种先进文化，是社会主义文化建设一个不可或缺的重要环节，也是社会生活的重要部分。它在集体主义价值观的指引下，突出和强化学生的地位，具有鲜明的社会主义属性。高校法治文化以社会主义核心价值观为指导，体现了社会主义核心价值观，两者有着内涵上的统一性。

②高校法治文化与社会主义核心价值观建设功能的互助性。高校法治文化受到社会主义核心价值观的指导，高校法治文化建设是培育和践行社会主义核心价

值观的重要平台，而完善高校法治文化建设又是培育和践行社会主义核心价值观的重要保障。受到社会主义核心价值观的指导，高校法治文化保持着社会主义属性的特征，使其不丧失根本属性。"要把社会主义核心价值观贯彻到依法治国、依法执政、依法行政实践当中，落实到立法、执法、司法、普法和依法治理各个方面。"培育和践行以"法治"为重要内容的社会主义核心价值观，能够促进良好高校法治文化环境的形成。

而高校法治文化建设的具体进程，是社会主义核心价值观由内在精神向外在行为转化的重要途径，它依托国家、社会、公民个人三个层面的多维度建设平台，有力推动社会主义核心价值观的培育和践行。

培育和践行社会主义核心价值观，不仅要靠思想教育、实践养成，而且还要用体制机制来保障。高校法治文化具有自发性，社会主义核心价值观具有自觉性，二者有着具体功能上的差异。高校法治文化精神的引领和其行为的规范贯穿于体制机制中，国家机关、社会组织依法制定的法律规范，能够规范高校法治行为，对于引领社会风尚有着重要作用。高校法治文化制度化建设，将高校的价值理念转变为学生的内心追求，能增强青年学生利用法律维护自身权益的自觉性。随着青年一代主动地知法、懂法、用法，法律的权威和作用将扩大高校法治文化的影响，有助于社会主义核心价值观的培育和践行，提升其感染力和号召力。

（二）高校法治文化对社会主义核心价值观的理论增进

1. 高校法治文化对社会层面价值取向的丰富

自由、平等、公正、法治是社会主义核心价值观在社会层面的价值取向，是社会主义核心价值观的重要组成部分。我们以此为基础，构建起衡量社会行为的基本价值评判尺度。高校法治文化本身就是包含着自由、平等、民主、正义、和谐、秩序等多方面丰富价值的内容，与社会层面的价值取向根本同源。我们所倡导的自由是相对的，离开了法律规制的自由不能称为自由。自由只有被纳入法治的框架，才有存在和持续的可能，法治保障了人民主权，保障了自由。我国宪法明确规定："中华人民共和国公民在法律面前一律平等。"高校法治文化为学生的平等追求提供了一个基层平台，人们平等地适用法律，平等地享有权利和履行义务。法治是促进公正实现的手段和工具，只有将公正建立在法律的基石上，才能切实保障人民主体的利益，实现对正当利益的维护，对不正当利益的剥夺与惩戒。法治理念作为高校法治文化的核心和社会主义核心价值观的重要价值取向，对两者的理论发展和实践推进有着重要作用。社会主义核心价值观的"三个倡导"之间是环环相扣的关系，而高校法治文化包括了社会主义核心价值观社会层面的价值取向，又丰富了其具体内涵，二者相辅相成，最终将有利于和谐社会的建设。

2. 高校法治文化对个人层面价值准则的推动

爱国、敬业、诚信、友善是社会主义核心价值观在个人层面的价值准则，是公民的道德准则。法治是实现秩序的工具、手段和途径，法律以追求道德的精神为最高理想，以秩序为追求目标。德是法的灵魂，德治又是法治前行的推动力。我国宪法规定公民的基本义务，其中就包括"维护国家统一和全国各民族团结，维护祖国的安全、荣誉和利益"等义务。法律将爱国细化到具体规范，将爱国上升到法律信仰的层次，加深民众对爱国的理解。爱国就必须守法，因为法律规定了爱国的基础和底线。法治是激发公民敬业精神的制度保障和动力支持，通过劳动者权益保护法及企业法等众多法律，给予职业法律保障，将创业就业与法律秩序相挂钩，赋予崇高、尊敬的意味。法治通过实现法律上的信用，对违反社会基本规则、伦理道德的行为进行规范，将诚信纳入法律信用的保护，成为诚信的有力支持，促使公民对诚信的进一步认知。同时，法治通过对恶行的规制和惩戒，起到扬善的作用。高校法治文化建设能够促进青年学生诚信友善、社会和谐，而社会主义核心价值观也倡导人们要诚信友善，以实现社会的公正和谐。自律有时只有靠他律的辅助才能实现，道德自律的形成离不开法律制度的规范、引导和保障，法律将道德规范转变为法律规范，把对社会有积极影响的道德标准规定为应遵循的准则。高校法治文化能够推动大学生对自我道德准则的理解和实行，为社会主义核心价值观个人层面的价值准则提供条理、秩序上的支撑。

三、社会主义核心价值观与高校法治文化建设融合发展的创新机制

（一）坚持贯穿结合融入、落细落小落实的实践养成方法

1. 贯穿结合融入、落细落小落实是社会主义核心价值观与高校法治文化建设相互促进的基本方法

社会主义核心价值观与高校法治文化建设的融合发展是一个实践命题。这一命题的展开，生成于当代中国社会主义建设的时代背景之中，建构于二者特性差异与互补的逻辑基础之上，实现于具体细微的实践工作之中。天下难事必作于易，天下大事必作于细，这一道理对于社会主义核心价值观与高校法治文化建设的融合发展命题同样具有指导意义。在当前社会主义核心价值观与高校法治文化建设融合发展过程中，贯穿结合融入、落细落小落实无疑是社会主义核心价值观与高校法治文化建设相互促进的基本方法，其基本含义是将社会主义核心价值观与高校法治文化建设融会贯通、密切联系、渗透融入，在实践中找准社会主义核心价值观与高校法治文化建设的共鸣点、利益的交汇点，在具体细致的实际工作中将社会主义核心价值观与高校法治文化建设融入日常工作和生活中。

"贯穿结合融入"是社会主义核心价值观与高校法治文化建设融合发展的内在要求。社会主义核心价值观与法律制度都属于上层建筑。法律制度是上层建筑的重要组成部分，而社会主义核心价值观则是高校法治文化建设的灵魂。社会主义高校法治文化建设需要社会主义核心价值观提供价值与观念支撑，而社会主义核心价值观的培育与践行也需要法律制度与法治实践的强力保障。这为二者的贯穿结合融入提供了基础，并使其共同服务于中国特色社会主义建设目标。如此来看，社会主义核心价值观与高校法治文化建设的贯穿结合融入，实际深刻体现了价值需求与制度供给、价值观念与制度实践相统一的马克思主义原理，是社会主义核心价值观与高校法治文化建设融合发展的内在要求。

"落细落小落实"体现了社会主义核心价值观与高校法治文化建设融合发展的实际需要。社会主义核心价值观与高校法治文化建设融合发展实现于实践之中。社会主义核心价值观不是一朝一夕就能形成的，需要我们青年学生从生活中

的小处着手，落实思想作风，落实各项行动。具体而言，所谓"落细"即要细化，要将社会主义核心价值观与高校法治文化建设的原则、理念、要求细化到人们的日常生活之中，与人们日常社会生活的具体情境结合在一起，从细处见精神，从微处显观念，从而将社会主义核心价值观与法治植入人们的头脑，沉淀于人们的内心。所谓"落小"，就是要从小事做起，从个体做起。要坚持积小善为大德，从青年学生的身边小事做起，从大学生群体中寻找个体榜样，努力在小事上践行社会主义核心价值观和高校法治文化，从而引导社会风气，形成有利于社会主义核心价值观与高校法治文化建设融合发展的良好社会氛围。所谓"落实"就是要见成效，要从具体行动和实践中培育践行社会主义核心价值观与高校法治文化建设，不走过场，摒除形式主义，讲求实际效果。贯穿结合融入、落细落小落实，也是社会主义核心价值观和高校法治文化建设融入社会生活的实践经验。

2. 贯穿结合融入、落细落小落实实践创新的基本要求

（1）突出青年学生主体地位

青年学生是社会主义接班人，是社会变革的决定力量，是践行社会主义核心价值观和高校法治文化建设的主体。坚持人民主体地位，人民是依法治国的主体和力量源泉。关于社会主义核心价值观和法治建设的纲领性意见均将人民放在突出地位，充分说明了在社会主义核心价值观与高校法治文化建设融合发展中坚持和突出青年学生主体地位的重要意义。以青年学生为主体，就要求充分体现以人为本的价值要求，将学生的利益冷暖放在心上，从实现好、维护好最广大人民的根本利益的角度推进社会主义核心价值观和高校法治文化建设的贯穿结合融入，加强对青年学生所关心问题的回应，从细微细小之处落实二者的融合发展。

（2）坚持从实际情况出发，积极鼓励区域探索

一切从实际出发，理论联系实际，实事求是，在实践中检验和发展真理，是党的思想路线。社会主义核心价值观与高校法治文化建设的融合发展同样应遵循这一思想路线的要求。这就要求我们在社会主义核心价值观与高校法治文化建设融合发展的实践中，时刻注意从我国基本国情出发，从改革开放不断深化的实践出发，总结和运用党领导人民培育和践行社会主义核心价值观与高校法治文化建设的成功经验，围绕核心价值观与高校法治文化建设融合发展的理论和实践问

题，深入开展理论创新，切实展开实际行动。同时，鉴于我国幅员辽阔，各地自然地理、社会文化、生活习惯差异较大，在此背景下推进社会主义核心价值观与高校法治文化建设的融合发展也应坚持因地制宜，尊重区域差异，回应地区需要，在此基础上寻求切合本地区社会主义核心价值观与高校法治文化建设融合的进路，将二者的融合要求落细落小落实。如镇江市在高校法治文化建设中，即注意牢牢坚持"有特色、可操作"的基本原则，针对解决本地实际问题，突出镇江特色，增强高校法治文化建设的实施效果和生命力。如在师生权益保障、规范性文件制定、教授治学等方面进行了积极探索，创建起高校法治文化的新模式，其做法多次获得江苏省教育厅、共青团中央的奖励。这种对于地方需求的关注与探索，是镇江市社会主义核心价值观与高校法治文化建设的融合发展彰显地方特色、获得青年学生认可的重要基础。

（3）注重多部门、多维度协同

在实践中推动社会主义核心价值观与高校法治文化建设贯穿结合融入、落细落小落实，离不开不同部门多维度的参与协作。在推进社会主义核心价值观与高校法治文化建设融合发展的工作中，要注意从二者融合的实际需要出发，切实推进不同部门、不同组织之间的协调配合。在社会主义核心价值观与高校法治文化建设融合发展中，要充分发挥党委和政府的作用，把社会主义核心价值观要求体现到高校法治文化建设各领域中，体现到立法、执法、司法、守法等高校法治文化建设各环节中，推动培育和践行社会主义核心价值观同高校法治文化建设工作融为一体、相互促进。同时，也要充分发挥高校学生组织团体在践行社会主义核心价值观与高校法治文化建设方面的作用，发挥志愿者组织、社会公益组织的作用，形成落细落小落实的工作合力。

（4）运用大众化语言和青年学生喜闻乐见的形式

社会主义核心价值观与高校法治文化建设贯穿结合融入、落细落小落实要尊重青年学生的主体地位，就需要在实践中更贴近青年学生生活，其形式不仅要新颖，而且要青年学生乐于接受。这一点也是实践经验的结晶。要取材于青年学生身边的鲜活故事，量身定制一批适合传播、体现时代精神的文化作品，通过传统艺术形式，对社会主义核心价值观进行形象化解读、故事化表达等，实现场景重构，推动社会主义核心价值观于润物无声中实现传统文化的柔性植入，推动社会主义核心价值观的实践养成。

3. 贯穿结合融入、落细落小落实的实践创新机制

贯穿结合融入、落细落小落实是推进社会主义核心价值观与高校法治文化建设融合发展的基本要求。然而，社会主义核心价值观与高校法治文化建设的融合发展是一个复杂的过程，社会、家庭、个人等因素均会对这一过程产生影响。随着社会经济发展的加速，上述因素也在不停地发生变化，这进一步增加了推进二者融合发展工作的复杂性。因此，在坚持贯穿结合融入、落细落实落小的工作要求时，必须不断探索新的实践机制，为推进社会主义核心价值观与高校法治文化建设的融合发展保驾护航。

（1）贯穿结合融入、落细落小落实实践的统筹协调机制

以贯穿结合融入、落细落小落实的要求推进社会主义核心价值观与高校法治文化建设的融合发展需要对二者的理论与实践活动进行统筹协调。统筹兼顾既是一种解决问题化解矛盾的工作方法，也是一种认识事物、分析和思考问题的思维方式和方法。作为思维方式和方法，要求具有立体化、复合性的战略思维。这就要求我们在推进社会主义核心价值观与高校法治文化建设融合的发展过程中，从顶层设计的战略大局出发，在落细落小落实上着力，将顶层设计与落细落小落实的工作要求融入系统的、立体的、复合的战略格局中。"作为工作方法，要求我们在认识、处理影响共同发展、和谐发展的重大矛盾时，依据公平正义原则，全面系统地观察分析矛盾，统筹兼顾矛盾的两个方面和矛盾的各种影响因素，在一系列复杂的矛盾中，找到主要矛盾、矛盾的主要方面和引起矛盾的关节点与关键点，在明确阶段性质的基础上，综合运用各种有效方法和手段，积极应对，合理疏导引导。"具体到社会主义核心价值观与高校法治文化建设的贯穿结合融入、落细落小落实，就需要高校各单位各部门在实践中既要注意组织内部在二者融合实践中的协调，也要注意组织外部的工作关系；既要强调社会主义核心价值观与高校法治文化建设融合发展的总体要求与目标，也要强调融合发展过程中人的因素，从而形成全社会关心和支持社会主义核心价值观与高校法治文化建设融合发展工作的整体合力，为二者的贯穿结合融入、落细落小落实的工作实践奠定

基础。

(2) 贯穿结合融入、落细落小落实实践的多元化激励奖惩机制

贯穿结合融入、落细落小落实工作要求的落实应注意建立激励机制。在管理学中，激励是指激发员工的工作动机，也就是说用各种有效的方法去调动员工的积极性和创造性，使员工努力去完成组织的任务，实现组织的目标。有效的激励会点燃员工的激情，使其工作动机更加强烈，让他们产生超越自我和他人的欲望，将潜在的巨大的内驱力释放出来，并积极行动，付出更多的时间和精力，以实现激励主体所期望的目标或表现符合组织要求的行为。其实，不仅企业管理需要激励，社会主义核心价值观与高校法治文化建设的贯穿结合与落细落小落实也需要激励。激励可以是物质方面的激励，也可以是精神方面的激励，可以是正向的激励，也可以是负向的激励，其具体形式可以多样化。在社会主义核心价值观与高校法治文化建设融合实践中，应结合具体情况，综合运用利益激励、物质激励、榜样激励、情感激励等多种手段，对在贯穿结合融入、落细落小落实的工作实践中成绩突出的个人和组织及时进行正向激励，引导社会行为趋向，对不符合社会主义核心价值观要求的行为也要进行适当的批评和惩罚，以减少不良行为的产生。具体实践中，有些高校针对社会主义核心价值观与高校法治文化建设的融合制定了细致的考评标准，如将法治要求细化到学雷锋志愿服务示范岗、诚信标兵、诚信之星、师德标兵、学习之星等评选标准之中，并作为评先评优的先决条件，在考评细则中加大对培育和践行社会主义核心价值观、遵纪守法等内容的考评分值，引导高校和大学生自觉践行法治精神。这一做法值得肯定和借鉴。

（二）坚持公众参与、行为自觉的宣传教育方式

如果一个民族重视学习新知识，注重通过教育来增长知识总量，那么这个民族便会逐步强大，最终走向文明、繁荣、富强；如果一个国家或民族不注意发展教育，那么这个国家或民族迟早要走向衰败。对于个人而言，教育则是使个人摆脱愚昧、弘扬理性、拥有尊严的最佳手段。社会主义核心价值观与高校法治文化建设的融合发展离不开广泛深入的教育。

1. 在高校教育中推进公众参与、行为自觉的宣传教育

在高校教育中推进公众参与、行为自觉的宣传教育应注重德育与法治教育的融合。德育的根本在于以德树人、以德立人，即注重教育对象的道德品质、道德能力，以及理想信念、人生观价值观世界观的塑造。在德育过程中，社会主义核心价值观以其丰富的内涵将国家、社会、个人的价值目标融合在一起，是高校教育以德树人、以德立人的价值根据和标准。在高校德育过程中，加强社会主义核心价值观教育应以适应学生身心特点为前提，符合学生的成长规律。同时，在高校教育过程中，也应注意法治精神的引入，培养具有法治意识的现代公民。

在高校教育中推进公众参与、行为自觉的宣传教育应注重现实，关注学生品行的实践养成。这就需要在社会主义核心价值观与高校法治文化建设融合发展的高校教育中，借助于历史与现实的丰富事例讲清楚二者之间的内在关联机理，通过视频、照片等可视性、体验性、互动性方式推动社会主义核心价值观与高校法治文化建设进课堂、进教材、进头脑，引导学生了解社会主义核心价值观与高校法治文化建设融合发展的要义，引导学生理解社会主义核心价值观与高校法治文化建设融合发展的实质，帮助学生将其内化为自己的主观需要，转化为行动指南。在高校教育中推进公众参与、行为自觉的宣传教育还应充分注意发挥师德风尚的引领示范作用。师德是高校教育的灵魂，教师的师德师风对学生有着潜移默化的影响。教师在实践中坚持践行社会主义核心价值观，坚持用法治思维和法治方式处理教育事务，对于学生主动参与精神的养成和学生自觉精神的塑造均具有不可忽视的作用。这就需要教师在教育过程中坚定理想信念，坚守职业道德，发扬优良传统，坚持为人师表，通过自身教学工作中将社会主义核心价值观与高校法治文化建设融合的具体实践，引导学生接受认同社会主义核心价值观，增强自身的行为自觉性。

2. 在家庭教育中推进公众参与、行为自觉的宣传教育

家庭是社会的细胞，这决定了家庭教育在推进社会主义核心价值观与高校法治文化建设融合发展方面具有不可替代的作用。具体而言，家庭教育相较于高校教育，具有连续性、全面性、权威性等特征。家庭教育的连续性表现为其几乎贯穿了个人的成长过程，特别是由于个体的早期成长主要依赖于家庭，家庭教育发

挥着奠基性作用。家庭教育的全面性表现为家庭教育的内容广泛，渗透深远。家庭的文化氛围、生活习惯甚至家庭个体的个人爱好，均会对家庭成员尤其是学生产生深刻影响。家庭教育的权威性表现为父母子女等的亲情伦理所带来的人格权威，这种人格权威具有高校教育所不具备的力量。

正是由于家庭教育具有不可或缺的作用，在社会主义核心价值观与高校法治文化建设融合发展过程中坚持公众参与、行为自觉的教育，就必须切实注重家庭的作用。应从社会主义核心价值观与高校法治文化建设融合发展的需要出发，在家庭层面大力推进文明、和谐的社会主义核心价值观教育，积极评选"最美家庭""慈孝之星"等优秀的家庭典型和模范个人，引导家庭成员和社会公众文明向善，形成积极主动的社会风气。

3. 在社会教育中推进公众参与、行为自觉的宣传教育

社会教育有广义和狭义之分。广义的社会教育，是指社会环境对人的思想观念发生的作用；狭义的社会教育，是指高校和家庭以外的社会文化机构以及有关的社会团体或组织，对社会成员所进行的教育。社会教育与高校教育、家庭教育不同。社会教育本身并不设定教育目标，是基于社会文化、社会环境对个体的思想观念产生影响，而且环境对人的影响是潜移默化的，因而社会教育的展开总是在个体不知不觉的情况下进行的。今天，由于社会交往媒介和方式的丰富，社会环境对个体的影响愈加深远。在社会主义核心价值观与高校法治文化建设融合发展的实践中，注重通过社会教育推进公众参与、行为自觉的宣传教育同样至关重要。

在社会教育中推进公众参与、行为自觉的社会主义核心价值观与高校法治文化建设宣传教育，应充分创新社会教育的载体与形式，通过政治生活、生产劳动、娱乐活动等，将社会主义核心价值观与高校法治文化建设的教育贯穿在一起。除此以外，考虑到现代社会网络化的特点，在社会教育中也应充分发挥新闻媒体包括新兴媒体的作用，在新闻宣传中牢牢把握正确舆论导向，着力传承价值观念，塑造价值主体，通过典型事例的行为魅力，引导公众理性合法参与公共事件的讨论，增强主体行为自觉习惯的养成。

参考文献

[1] 马俊军，王贞贞. 基于大学生接受心理特征的思想道德与法治课混合式教学探索［J］. 高教学刊，2024，10（10）：98-103.

[2] 肖妮，冀志宏. "三全育人"视域下大学生思想道德素质评价体系内容构建与实施路径研究［J］. 公关世界，2024（6）：134-136.

[3] 吴锦程. 探究思想道德与法治教学的有效策略［J］. 现代职业教育，2023（33）：53-56.

[4] 柏瑞平，张敏. 红色家书融入"思想道德与法治"课程教学的理论与实践［J］. 淮南师范学院学报，2023，25（2）：104-108.

[5] 崔海滨，商学哲，陈晔，等. 法治文化融入高校思想政治教育教学探析［J］. 现代商贸工业，2023，44（19）：205-207.

[6] 肖旭. "思想道德与法治"课增强大学生国家安全意识和素养的教学进路探赜［J］. 贵州开放大学学报，2023，31（3）：43-48.

[7] 尤婷婷. 新时代大学生思想道德素养的培育路径研究［J］. 成才，2023（5）：49-51.

[8] 成黎明. 新时代大学生思想道德素质评价指标体系的理论建构与实证分析［J］. 大学教育科学，2023（1）：83-94.

[9] 伍韬. 当代传统文化与素质教育研究［M］. 北京：北京工业大学出版社，2023.

[10] 王娇，石宇洲，熊晓雪，等. 红色文化资源融入大学生思想道德教育的路径与机制研究［M］. 成都：四川大学出版社，2023.

[11] 陈莉，方学军，李战奎. 思想道德与法治实践教程［M］. 西安：西安交通大学出版社，2023.

[12] 杨丽莉，杨娟. 思想道德与法治实践教程［M］. 北京：北京理工大学出版社，2023.

[13] 赵文静. 学校道德责任教育研究［M］. 北京：中国社会科学出版社，2023.

[14] 张艳. 法治素养教育［M］. 北京：中国政法大学出版社，2022.

[15] 温明月. 大学生法治素养培育研究［M］. 沈阳：辽宁大学出版社，2022.

[16] 沈晓敏，赵孟仲，程力. 道德与法治学科核心素养研究［M］. 上海：华东师范大学出版社，2022.

[17] 王亚平. 大学生思想教育对策研究［M］. 长春：吉林出版集团股份有限公司，2019.

[18] 郭奇. 新媒体视角下大学生思政教育创新探索［M］. 长春：北方妇女儿童出版社，2021.

[19] 张姝. 高校大学生素养与思想政治教育工作创新研究［M］. 北京：中国华侨出版社，2021.

[20] 李素华. 基于核心素养的道德与法治课程教学探索［M］. 汕头：汕头大学出版社，2021.

[21] 韩振峰. 新时代思想政治理论课改革创新研究［M］. 北京：中央编译出版社，2021.

[22] 马建萍. 道德与法治共融的德育课堂［M］. 南昌：江西教育出版社，2021.

[23] 齐爱花. 当代大学生道德素质教育理论与实践研究［M］. 北京：冶金工业出版社，2020.

[24] 张戈跃. 新时代大学生法治素养提升研究［M］. 长春：吉林文史出版社，2020.

[25] 李兰. 新时代大学生素养研究［M］. 北京：中国政法大学出版社，2020.

[26] 黄瑞宇. 新时代高校学生工作的创新研究与实践探索：中国政法大学2020年学生工作理论研讨会论文集［M］. 北京：中国政法大学出版社，2020.

[27] 刘姣. 当代大学生思想道德教育创新研究［M］. 成都：西南财经大学出版社，2020.

[28] 李勇. 大学生法学常识与法治素养教育研究［M］. 北京：中国原子能出版社，2019.

[29] 石旭斋. 大学本科生法治素养及其提升策略：基于A校本科生尊法学法守法用法状况调查［M］. 北京：中国法制出版社，2019.